JN113657

建築・住宅デザインの現場

建築・住宅デザインの現場

Yasumitsu Takano
Keiji Ashizawa
Kenichiro Niizeki
Tamotsu Teshima
Kazunori Fujimoto
Yasuko Kumazawa
Hitoshi Sugishita + Yoshiko Deguchi
Daisuke Nakayama

高野保光
芦沢啓治
新関謙一郎
手嶋保
藤本寿徳
熊澤安子
杉下均＋出口佳子
中山大介

目次

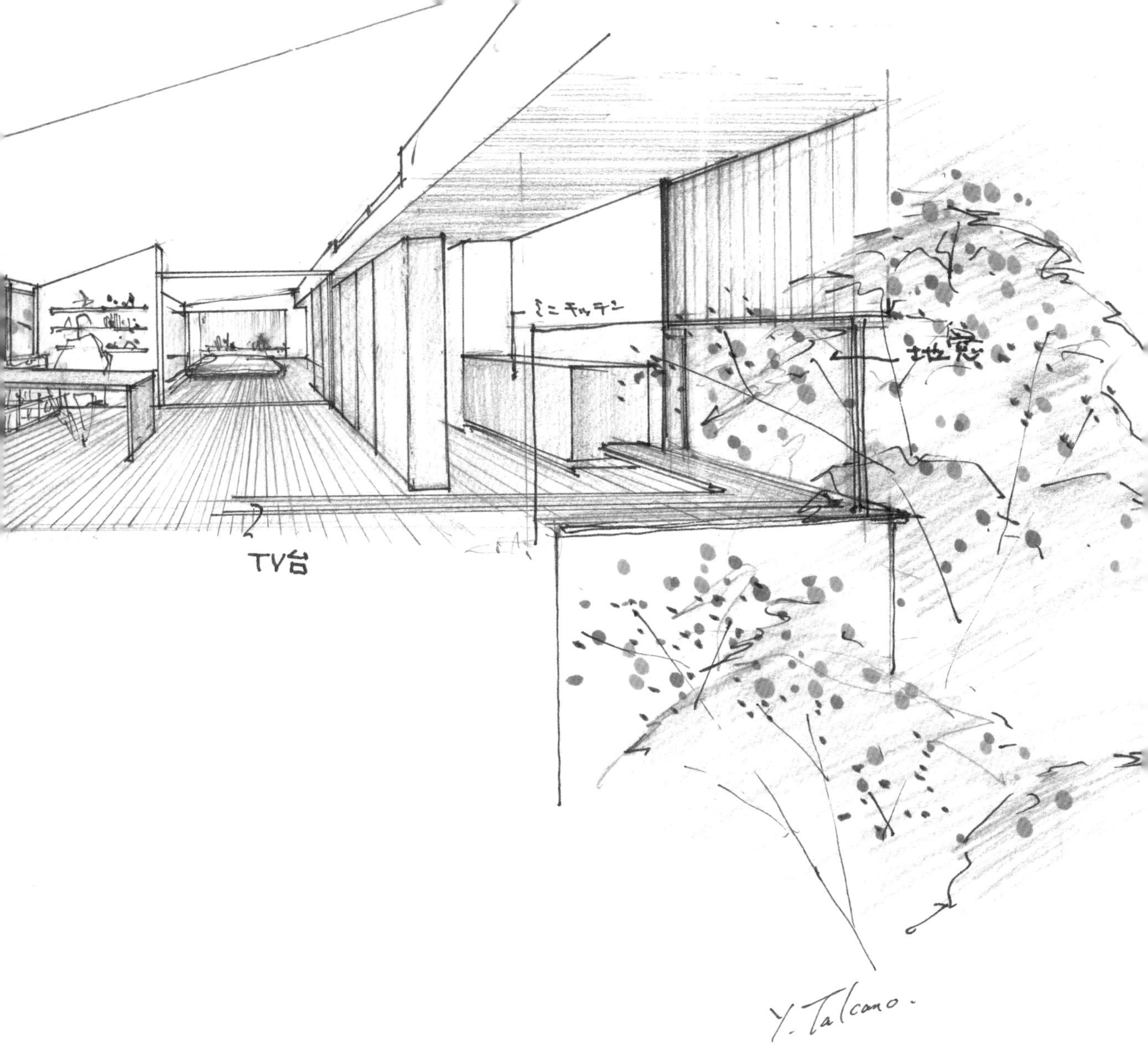

ズレ（差異）と住まい

反復と更新

高野保光

「自然の水波はいずれも振り子の場合とはっきり異なる。拍子が同一者の反復だとするならば、リズムは類似者の再帰だといわねばならない。さてまた類似者の再帰は、過ぎ去ったものとの関係において、その過ぎ去ったものの更新を表すので、単的に「拍子は反復し、リズムは更新する」ということができる。（…中略…）精神をもった生物のみが、拍子をまえの拍子の模像たらしめ、尺度を基本尺度の模像たらしめ、個々の工場製品を製品原型の模像たらしめうる。これに対して、精神のない自然には模像も反復もない。どんな水波もまえの水波の模像ではなく、どんな幼樹も母樹の、どんな幼獣も母獣の、どんな木の葉も他の葉の、どんな獣皮の毛も他の毛の模像ではない。自然界はその推移のうちにたえずくりかえし新しいものを生み出す。しかし、その無数の系列のなかの区別しうる個々の部分は互いに類似している。」

ルートヴィヒ・クラーゲス／『リズムの本質』（みすず書房）

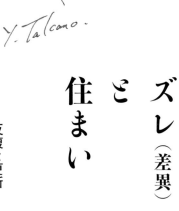

2階書斎・寝室
イメージスケッチ（樹傍の家）

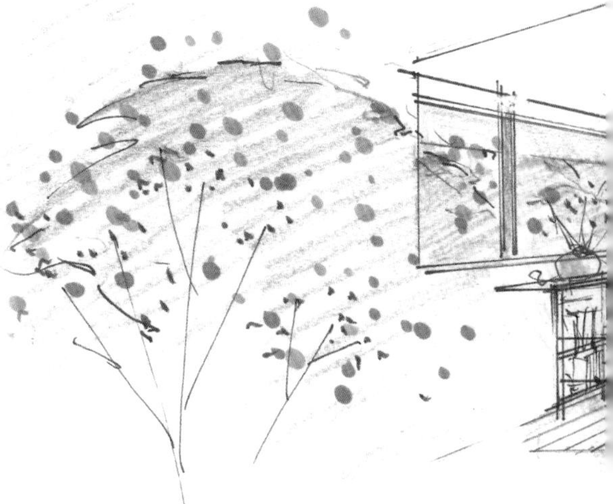

自然は差異に満ちている。その差異に心震わせ、時に畏れ、心癒されている。

わが家の猫の額ほどの庭の下草に目をやると、同じ品種でもわずか数mの場所と光の違いの影響を十分に受け、明らかに花の色味や葉の形に「ズレ」を見せている。類似形ながらその微妙な差異が人を心地よくさせている。移動できない植物がその場所に十分に適応した結果、わずかな敷地でも豊かな多様性が生まれている。クラーゲスのいう、自然界のリズム・類似者の再帰であり、単純な繰り返しではなく、類似形が更新する自然な姿である。

「ズレ」について考える

ギリシア建築は古典主義建築の規範とされ、長さを単位に柱の巾、間隔、全体の高さなどが決められたといわれるが、それぞれの神殿は実に多様で一つひとつ皆違いがあり、まったく同じものはないといわれている。土地の特性、素材、神殿をつくる職人の手の違いや、部材が組み合うところに論理的に整理できない箇所も生まれて、当然差異が生じ、その「ズレ」がプロポーションにも反映していると思われる。その「ズレ」にこそ建築家の関心が注がれたのではないだろうか。同じものが二つとない石を削り、それぞれの手の跡を残していく。職人と素材の対話、職人の身体的なリズムとバランス、土地の環境が建築に多様性をもたせている。対して現代の機械的で均質な仕事はどうだろうか？　反復することを可能にした世界では、「ズレ」という言葉は正確さを欠いた、欠陥でもあるかのようなニュアンスを感じさせる言葉となっている。

建築写真家であり建築評論家でもある多木浩二は、著書の中で次のように書いている。

「もし計画なりデザインなりという視点から考えるなら、未来は開かれたままに残しておくようにしなければならない。計画と経験のずれ、差異の方が、人間にとって本質的なのである。しかもその両方（計画と経験）とも人間的な事実である、計画的にしか世界を見ない（したがっていわば理性的に構成された世界しか見ない）人間にとっては欠陥であるずれこそ、人間にとって根本的な問題を含んだ要素なのである。」

多木浩二／『生きられた家 経験と象徴』（青土社）

多木は、この著書で計画的に設計された建築家の家と、身体的に経験する時間を経た民家やバナキュラーな建築との違いを明らかにしてみせた。

私は次第に計画と経験の双方のよさを引き出すには「ズレ」を積極的に生かすことが、家づくりでは大切なのではないかと考えるようになった。計画された住まいを、現場でたしかに定着させるには、時間や経験という理論的に説明が難しい言葉の外にあるものをいかに感じ取り、身体と対話させるか。その土地、素材や現場の声を聴き、身体的に反応し微調整や改善を行うことで、計画されたものと現場で

粘土モデル　1/100（樹傍の家）

のズレが相乗効果を生み、新たなアイデアや改善を促し、よりリズム感、生命感のある個性的で心地よい住まいになっていくのではないかと考えている。

直に脳に働きかけるかのようなコンピュータとインターネットの時代では、意識（思考や論理）と身体が分けられたようにも見えるが、考えることや言葉は「身体で考える」というように、かつては身体や空間により近い存在であった。

計画と現場（経験）

住まいも植物のように環境の影響を十分に受け、自らも環境の一つとなること。「差異」を見極め、生かすことが大切だ。敷地も、素材もつくり手も多様である、そこで暮らす住み手のふるまいをイメージすること。さらにその先を生きる建築にも同時に思いを馳せながら……。

計画時の考えや設計するという行為の前半は、縮尺でプランを考え、模型やパース、CGでまだ見ぬ空間をイメージしていくが、縮尺で建築を考えながらも、身体性、原寸感覚を計画にいかにもち込むかが重要だ。スケールがよいといわれる感覚や想像力も、空間での人の動きや出来事をリアルにイメージすること、よい空間体験を重ねて身体に浸み込ませることから生まれてくるものなのではないだろうか。

私の場合、まず平面や断面のラフスケッチをして、初期の段階で粘土で模型をつくるが、つくりはじめはまだ完成形はほとんど見えていない。デッサンのように、迷った線が幾重にも重なっているような動きのある立体というイメージ。決めきれない、ピントが合っていない製作過程での「ズレ」た粘土モデルが、次の段階へとイメージを膨らませてくれる。また触覚を通して作るべき建築や空間とつながっていくように感じるところも、その設計スタイルから抜け出せない理由でもある。

計画段階でもリアルに身体的に経験できるものはある。それは敷地であり、住み手の家族であり、空間を構成するために選ばれた素材たちである。敷地を訪ね、施主の要望に耳を傾け、素材を手にもち、光にかざし、家での住み手のふるまいをイメージし、模型やスケッチを重ね、それらを手がかりに、計画的な行為に身体性をできるだけ導入して、スケール感にも頼りながら、まだ見ぬ空間を想像していく。

その設計図にも基づきリアルな素材で、多くの職人の手を経て住まいができていく。計画という精神的な作業に対して、現場にはそれぞれの経験・職人一人ひとりの身体性・時間が刻まれていく。ときに計画と現実の「ズレ」や設計時の判断の甘さも見えてくる。そこで計画時の考えを再考することも「ズレ」を生かす設計の大切なポイントである。現場の声を聴き、計画に可能な範囲で計画変更を加えるなど、「ズレ」の微調整を行う中で新たなアイデアが生まれることも多い。それは間違いを正したのではなく、具体的な場所で、原寸で素材や技術、経験、時間という、論理や言葉の外側にあるものにも身体的に反応して、現場の影響を十分に受けて空間をともにつくりあげることでもある。「ズレ」を認めて

1階リビング・ダイニング
イメージスケッチ（樹傍の家）

生かすことで、住空間は住み手の存在に働きかける器となり、身体で納得し、感動するものに向かうのではないか。計画することと現場での身体的行為（経験）の「ズレ」を受け入れ、そこで生まれるものを、偶然も含めて生かすことが、設計者に求められることなのではないだろうか。

「ズレ」と豊かさ

事前に長期間の計画を立てて、その計画どおりにそのまま実行することの不自然さを思う。状況は刻々と変わっている中で机上のプランどおりに進めようとすると、現場で起きている状況や変化が見えにくくなり、環境に馴染むチャンスや、思いの先にあるアイデアの萌芽をつかみ損ねる可能性がある。変化の激しい現代だからこそ、状況に応じて柔軟に微調整する技量が、設計者にも施工者にも求められている。

「ズレ」は、現実の不確実な状況の中でもがくことで生まれる不思議な力である。計画とのズレはピンチでもあるが新しいものが生まれるチャンスでもある。変化する状況に対し柔軟に計画を変更する力、身体的に反応し偶然性も味方につけ、思いがけないアイデアや発見も取り込んで生かしていく力も現代においての計画の大事な側面なのだ。

「ズレ」は間違いや欠陥ではなく幅であり、個々の豊かさであり、個性でもあり、具体的な場所をかけがえのないものにする自然なふるまいと捉えたい。

樹傍の家

- kibou no ie -

高野保光

Yasumitsu Takano
Architect & Associates

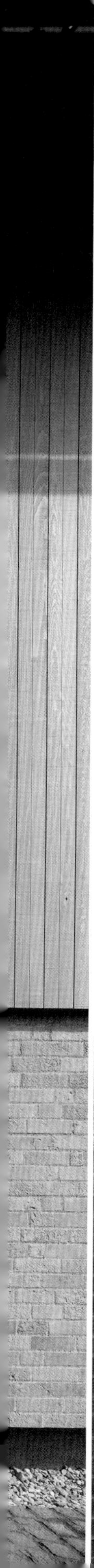

右上｜アプローチ側から庭側を見る
左頁｜テラス奥から庭越しに建物を見る

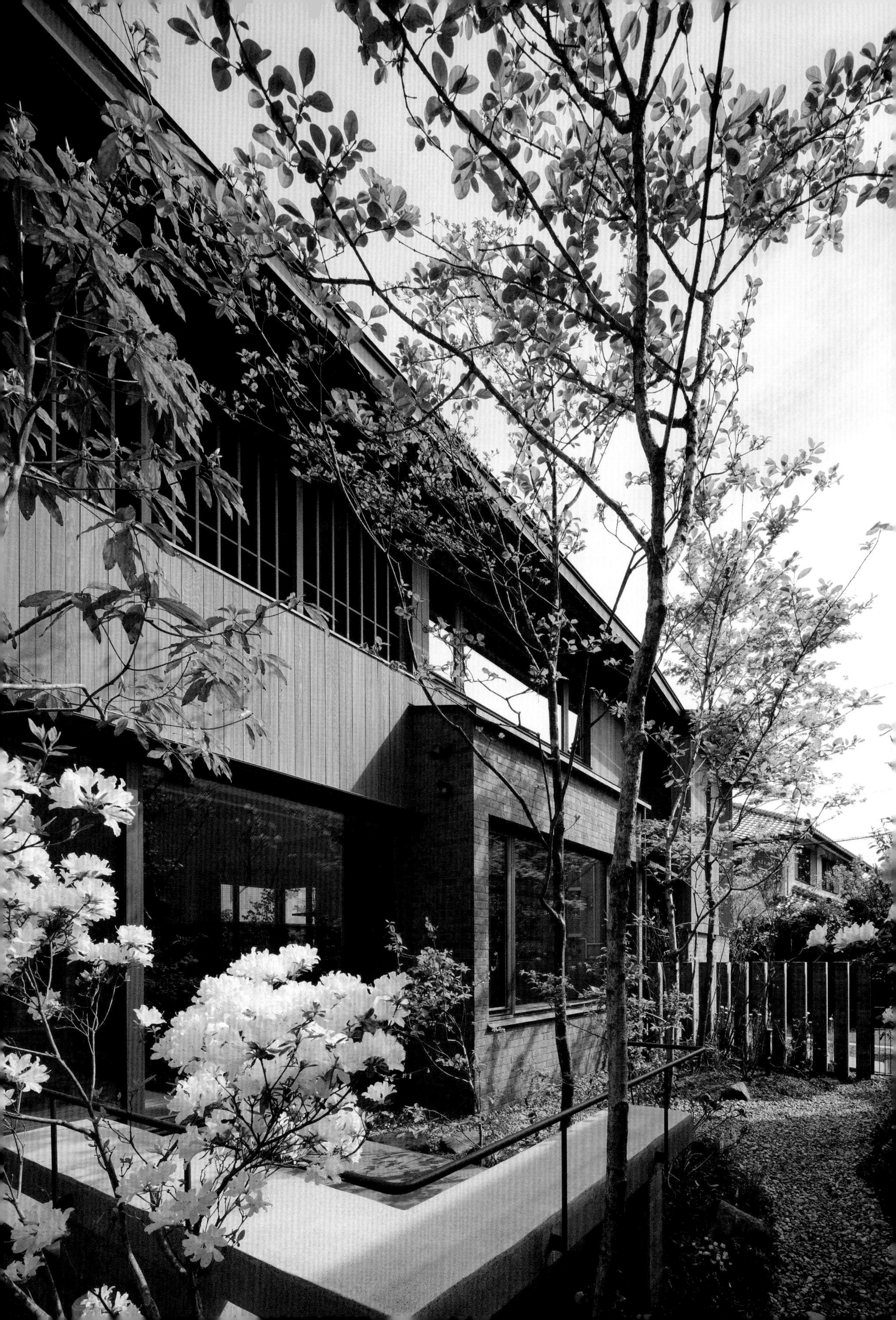

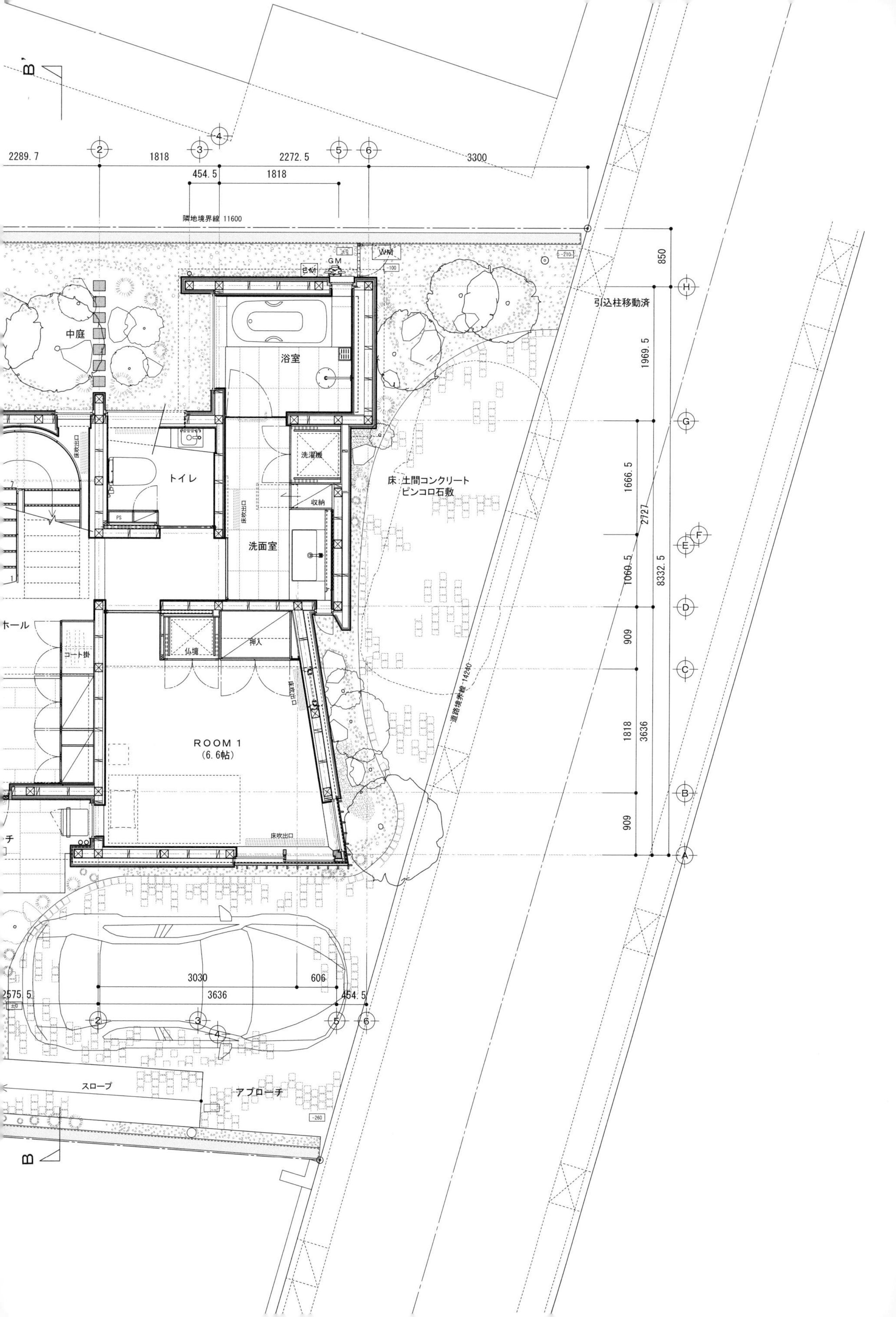

隣地境界線 11600
2289.7
1818
2272.5
3300
454.5
1818
850
引込柱移動済
1969.5
中庭
浴室
トイレ
洗濯機
収納
床吹出口
洗面室
1666.5
2727
1060.5
8332.5
909
床:土間コンクリート
ピンコロ石敷
ホール
コート掛
仏壇
押入
ROOM 1
(6.6帖)
道路境界線 14240
1818
3636
909
3030
606
2575.5
3636
454.5
スロープ
アプローチ

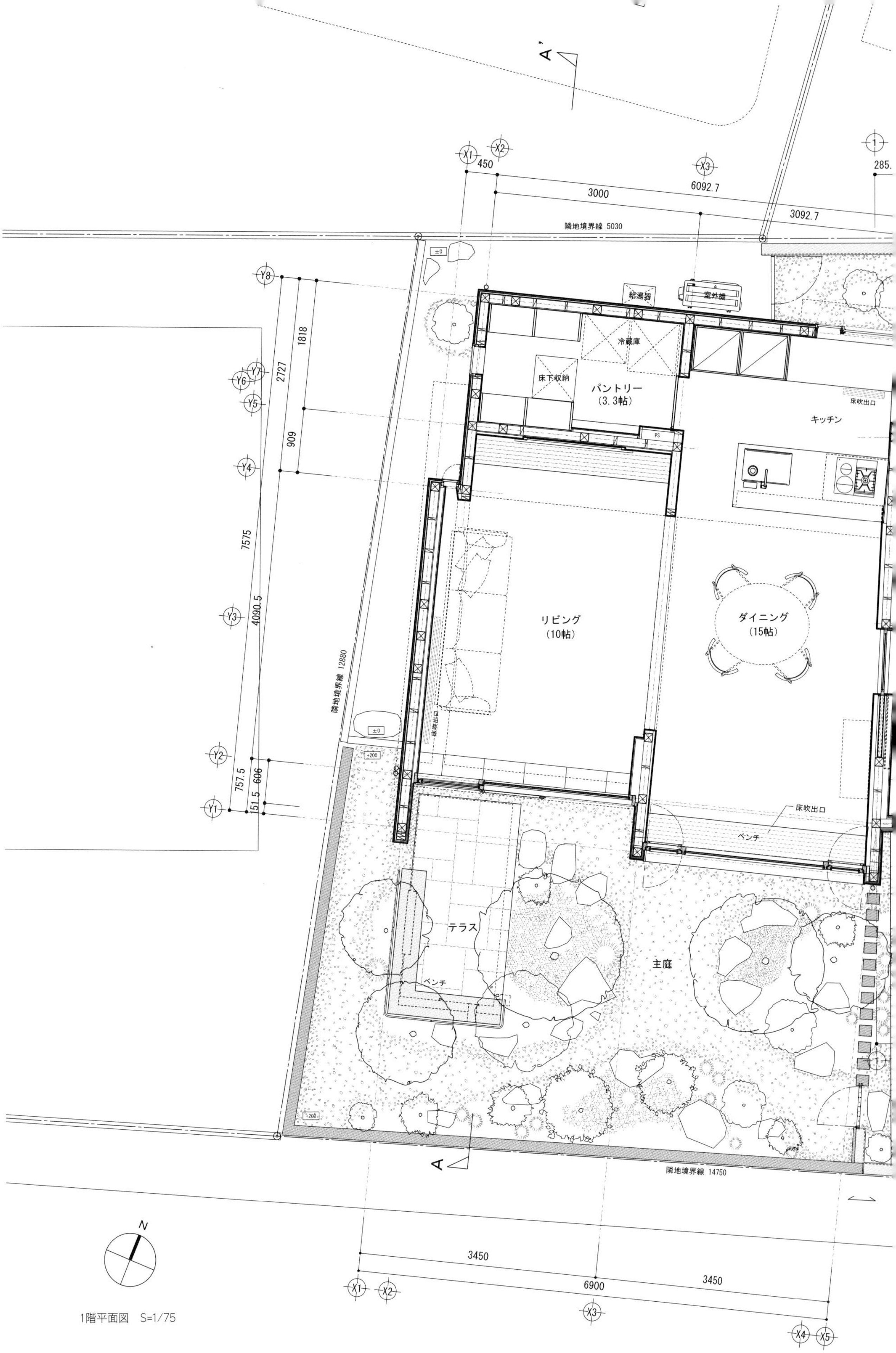
A'
X1
X2
X3
450
6092.7
3000
3092.7
285.
隣地境界線 5030
±0
給湯器
室外機
Y8
1818
2727
Y7
Y6
Y5
冷蔵庫
床下収納
パントリー
（3.3帖）
床吹出口
キッチン
PS
909
Y4
7575
リビング
（10帖）
ダイニング
（15帖）
Y3
4090.5
隣地境界線 12880
床吹出口
±0
+200
Y2
757.5
606
151.5
Y1
床吹出口
ベンチ
テラス
ベンチ
主庭
+200
A
隣地境界線 14750
N
3450
6900
3450
X1
X2
X3
X4
X5

1階平面図　S=1/75

光と居場所のグラデーション

緑多い閑静な住宅地に建つ木造2階建ての住まいである。

不定形の敷地に対し、まず庭や一台分の駐車スペースと来客や宅配の車が一時的にでも止まれるスペースを確保し、必要な諸室を大小四つのボリュームに分割している。プランは変形敷地に馴染むようズレながらも諸室を連結、その隙間から光や風を取り入れ、外部との程よい距離を測りながら、空間に明暗、リズム、広がり、奥行きをつくり出すことを考えた。仕上げ材は、完全な繰り返しができる工業製品は極力避けて、可能な限り人の手の跡を感じる素材を使っている。ノコ目の残るきれいすぎない外壁の板材、一つひとつ違う表情をもつ人の手で仕上げた外壁のタイル、杉板型枠や洗い出しのコンクリート、砂漆喰の左官壁など、色調は抑えながらも、光を受けて表情が豊かに変化する素材を選んでいる。

1階のLDKと2階の書斎、主寝室を静かに庭とつながる敷地奥の位置に配した。東南1・2階に個室を配し、1階北東側に中庭を囲むようにトイレ、洗面、バスルームを並べ、その間に吹き抜けの玄関ホールがあるという構成である。駐車場スペースを確保しつつ、建物と隣家の塀の周辺には緑化スペースを残している。

前庭と主庭の間は庭木の足元を感じさせ、降り注ぐ光と緑を縦に漉いて奥を感じさせる現場打ちのコンクリートの柱を並べた。この柱と90㎜のスリットにより、縦に延びる幹や枝葉を見え隠れさせつつ前庭と奥庭を連続させることができた。

玄関に入ると、トップライトから木製ルーバーを抜けた温かみのある光が、砂漆喰の壁に乱反射しながら静寂のあるほのかな明るさになって足元を照らす。スチール階段正面の曲面の板張り壁と右手の左官壁の出会うコーナーには、縦長の窓を配して、北庭の安定した自然光と緑を届けている。

四つの台形がズレながら連続するプランは、太陽の光を求めて葉を広げるかのように、どの部屋も南面の一辺の長さが北面より少しだけ長くズレた四角形になっていて、大きく窓を開けている。リビングや2階の寝室は、ズレた壁から生まれた隙間からも光が差し込む。

2階書斎の北側ハイサイドの光は、空調ダクトを通すことで生まれた壁の厚みを利用してテーパーを付け、その光を天井に乱反射させて、奥行きのある書斎にやわらかな光を落としている。ほかにも適材適所に多様な大小の窓があり、どこにいても外とつながり季節の光と緑を室内に呼び込んでいる。

どこかから差し込んでくる光は、日が昇って沈むまで、静かに少しずつ室内の表情を変えながら、自然光満たされた家になっている。内外がつながるリビングの掃き出し窓周辺は、テラスのタイルや外壁の板張りなどが室内まで入り込み内外を曖昧にしている。

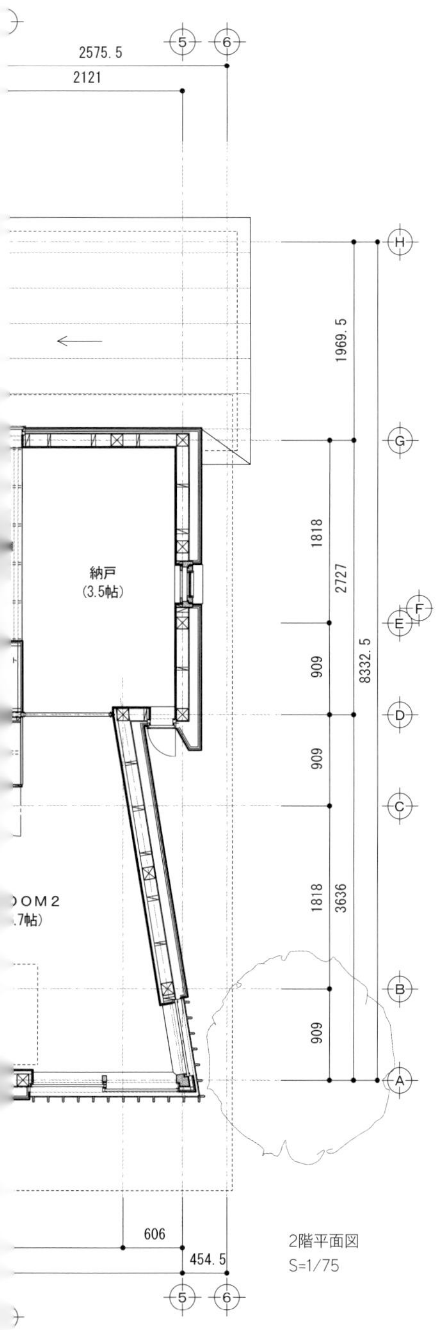

2階平面図
S=1/75

1階のトイレには、昔の雪隠の地窓のような位置に、横長の滑り出し窓を設け、足元から光と緑を室内に呼び込んで、静寂のある落ち着いた場所になっている。

2階寝室とつながるインナーバルコニーには、作付けのベンチと格子の網戸があり、夏の時期でも蚊や虫を気にすることなく、外に出て庭を愛でることができ、緑越しに街の風景とつながる場所になっている。

気がつくと、施主との出会いから竣工までほぼ4年の歳月が経っていた。

コロナ禍もあり、現場に入ってからも資材がスムーズに入らないことで、計画時からの「ズレ」が生まれ、素材や設備の見直しも一つや二つではなかった。

さらに竣工まで長い時間がかかったこともあり、施主や設計者の思いにも多少の「ズレ」が生まれていた。その都度、話し合いその「ズレ」の微調整に時間をかけた。計画は幾度か変更され、いま思えば大変な作業であったが、そこで施主、つくり手と悩みながら下した数多の決断は、幸運にも皆よい方に転んだように思う。

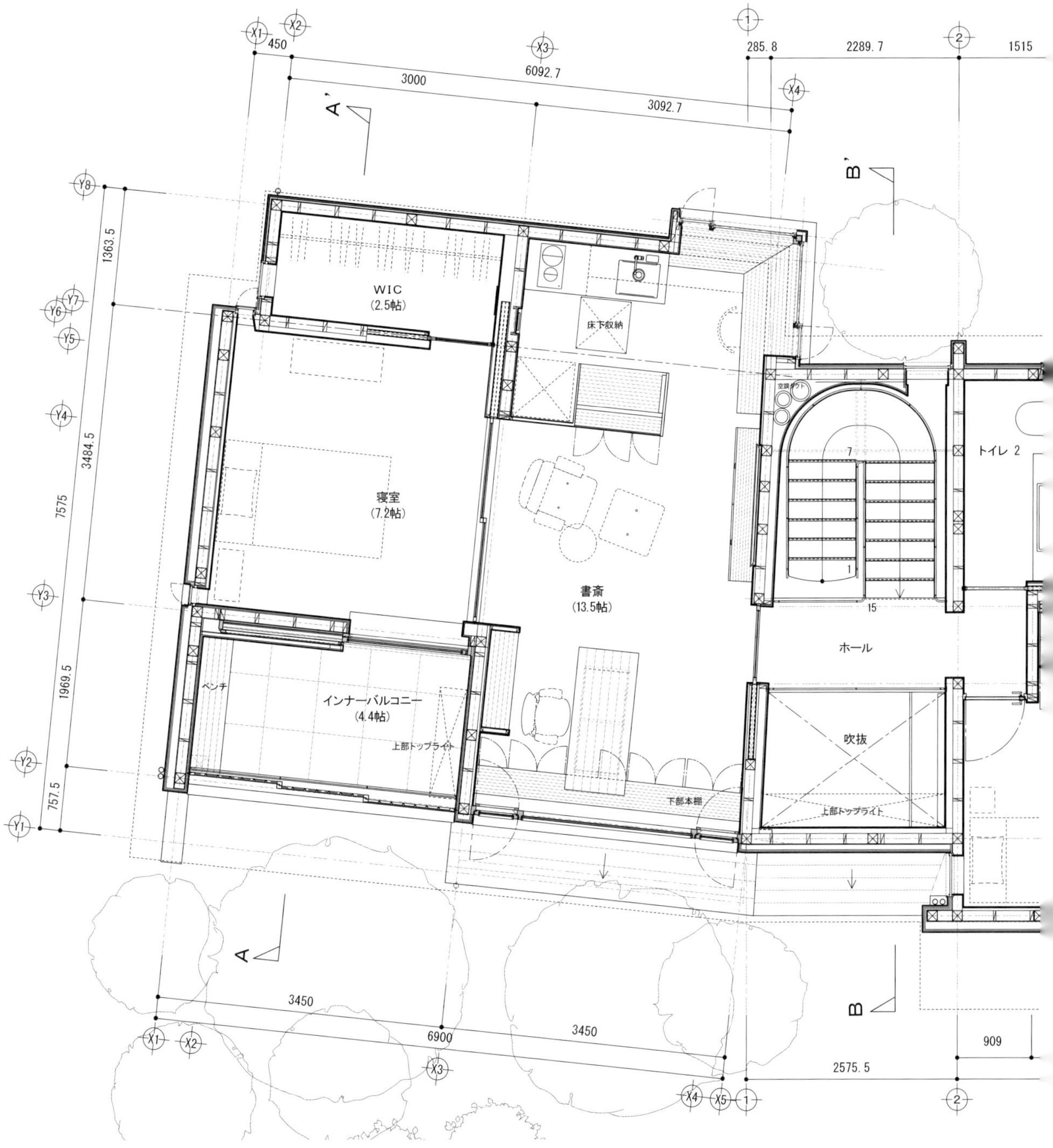

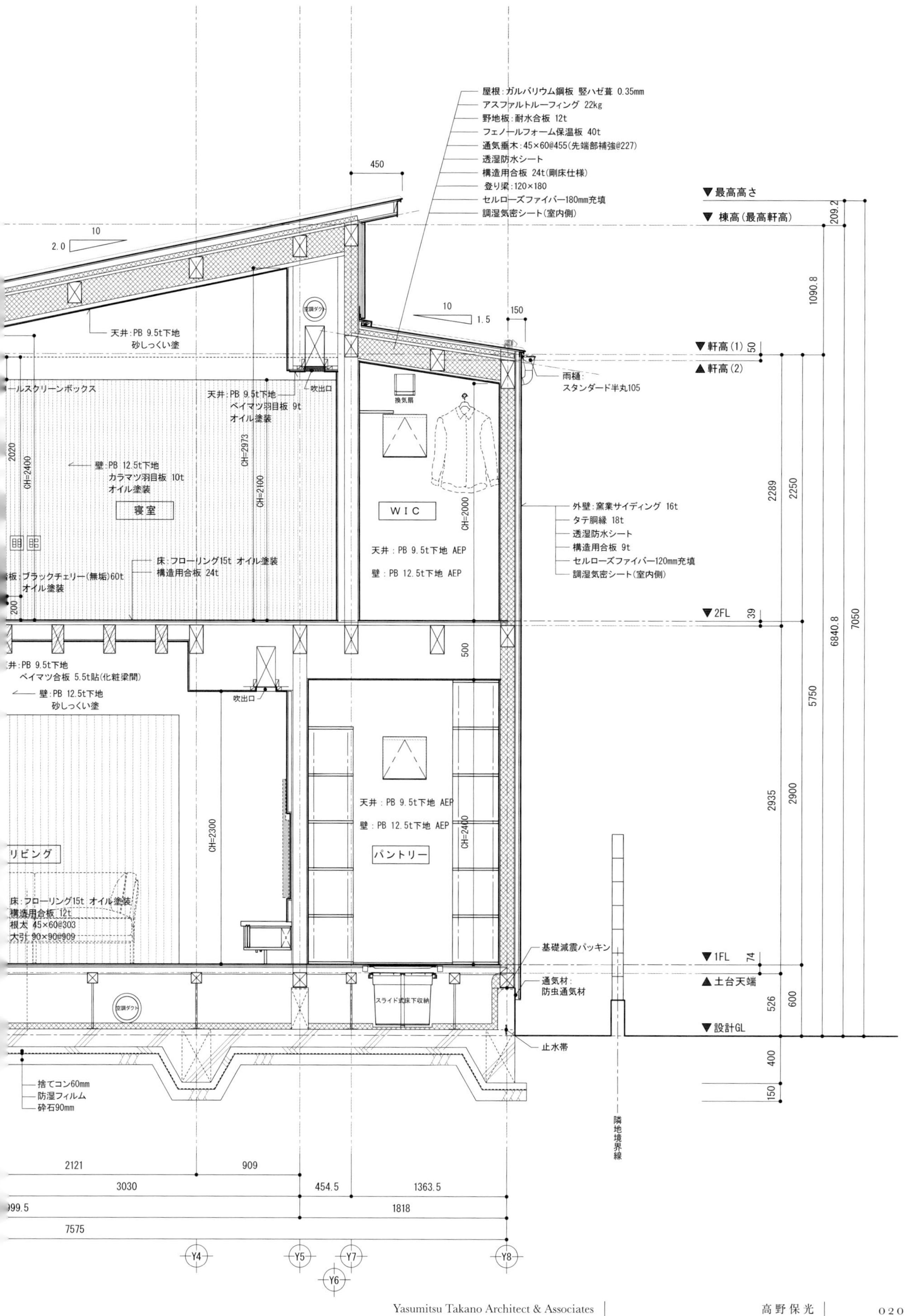
屋根:ガルバリウム鋼板 竪ハゼ葺 0.35mm
アスファルトルーフィング 22kg
野地板:耐水合板 12t
フェノールフォーム保温板 40t
通気垂木:45×60@455(先端部補強@227)
透湿防水シート
構造用合板 24t(剛床仕様)
登り梁:120×180
セルローズファイバー180mm充填
調湿気密シート(室内側)
天井:PB 9.5t下地
砂しっくい塗
天井:PB 9.5t下地
ベイマツ羽目板 9t
オイル塗装
吹出口
雨樋:
スタンダード半丸105
壁:PB 12.5t下地
カラマツ羽目板 10t
オイル塗装
寝室
WIC
換気扇
天井:PB 9.5t下地 AEP
壁:PB 12.5t下地 AEP
外壁:窯業サイディング 16t
タテ胴縁 18t
透湿防水シート
構造用合板 9t
セルローズファイバー120mm充填
調湿気密シート(室内側)
床:フローリング15t オイル塗装
構造用合板 24t
板:ブラックチェリー(無垢)60t
オイル塗装
井:PB 9.5t下地
ベイマツ合板 5.5t貼(化粧梁間)
壁:PB 12.5t下地
砂しっくい塗
吹出口
天井:PB 9.5t下地 AEP
壁:PB 12.5t下地 AEP
パントリー
リビング
床:フローリング15t オイル塗装
構造用合板 12t
根太 45×60@303
大引 90×90@909
スライド式床下収納
空調ダクト
基礎減震パッキン
通気材:
防虫通気材
止水帯
捨てコン60mm
防湿フィルム
砕石90mm
隣地境界線
▼最高高さ
▼棟高(最高軒高)
▼軒高(1)
▲軒高(2)
▼2FL
▼1FL
▲土台天端
▼設計GL
ールスクリーンボックス
CH=2400
CH=2973
CH=2100
CH=2000
CH=2300
CH=2400
2.0
10
1.5
450
150
209.2
1090.8
50
2289
2250
39
6840.8
7050
5750
2935
2900
74
526
600
400
150
500
2020
200
2121
909
3030
454.5
1363.5
999.5
1818
7575
Y4
Y5
Y7
Y6
Y8

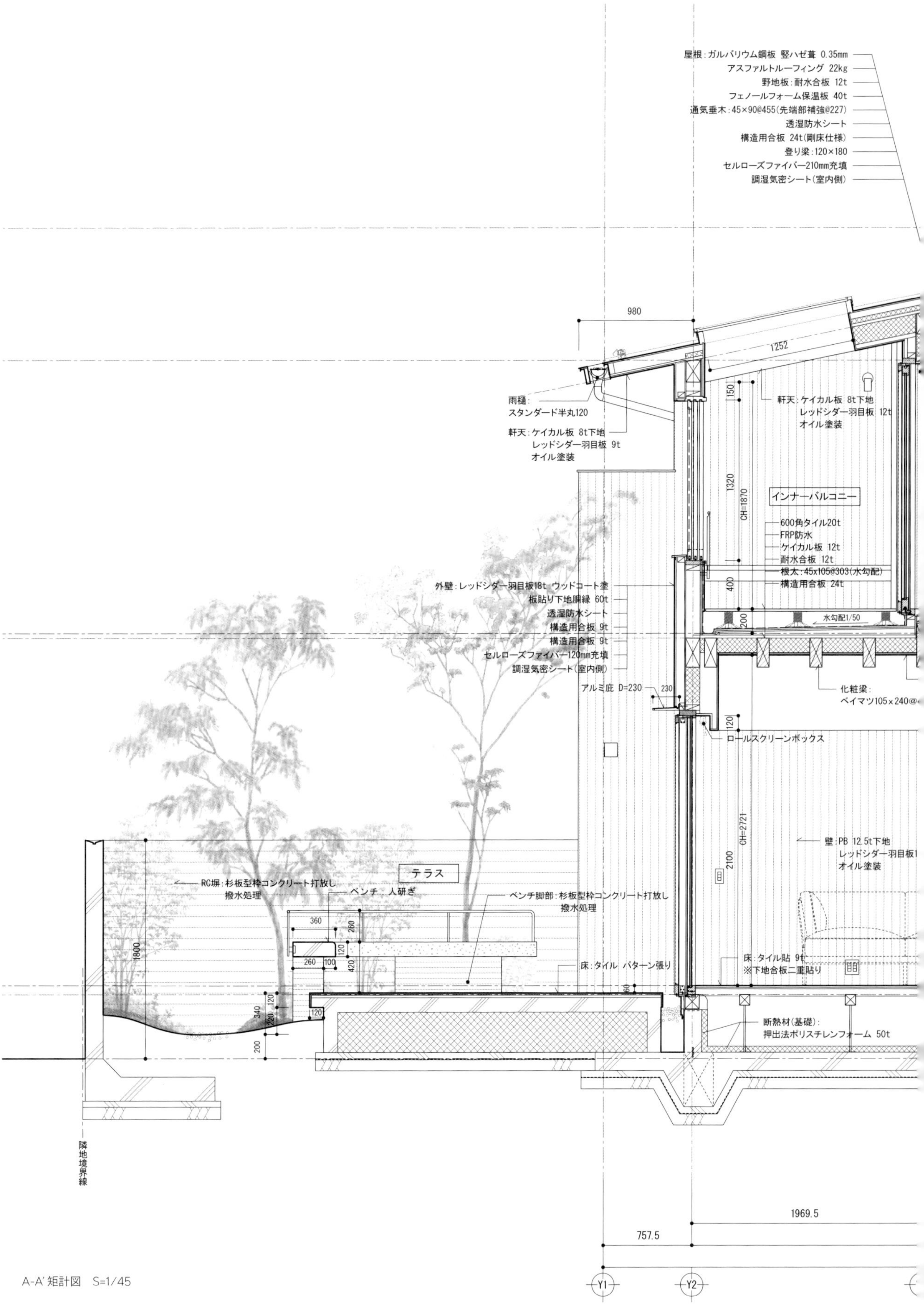
屋根:ガルバリウム鋼板 竪ハゼ葺 0.35mm
アスファルトルーフィング 22kg
野地板:耐水合板 12t
フェノールフォーム保温板 40t
通気垂木:45×90@455(先端部補強@227)
透湿防水シート
構造用合板 24t(剛床仕様)
登り梁:120×180
セルローズファイバー210mm充填
調湿気密シート(室内側)
980
1252
雨樋:
スタンダード半丸120
軒天:ケイカル板 8t下地
レッドシダー羽目板 9t
オイル塗装
軒天:ケイカル板 8t下地
レッドシダー羽目板 12t
オイル塗装
インナーバルコニー
600角タイル20t
FRP防水
ケイカル板 12t
耐水合板 12t
根太:45x105@303(水勾配)
構造用合板 24t
水勾配1/50
外壁:レッドシダー羽目板18t ウッドコート塗
板貼り下地胴縁 60t
透湿防水シート
構造用合板 9t
構造用合板 9t
セルローズファイバー120mm充填
調湿気密シート(室内側)
アルミ庇 D=230
化粧梁:
ベイマツ105×240@
ロールスクリーンボックス
壁:PB 12.5t下地
レッドシダー羽目板
オイル塗装
テラス
RC塀:杉板型枠コンクリート打放し
撥水処理
ベンチ:人研ぎ
ベンチ脚部:杉板型枠コンクリート打放し
撥水処理
床:タイル パターン張り
床:タイル貼 9t
※下地合板二重貼り
断熱材(基礎):
押出法ポリスチレンフォーム 50t
隣地境界線
1969.5
757.5
Y1
Y2

A-A′矩計図 S=1/45

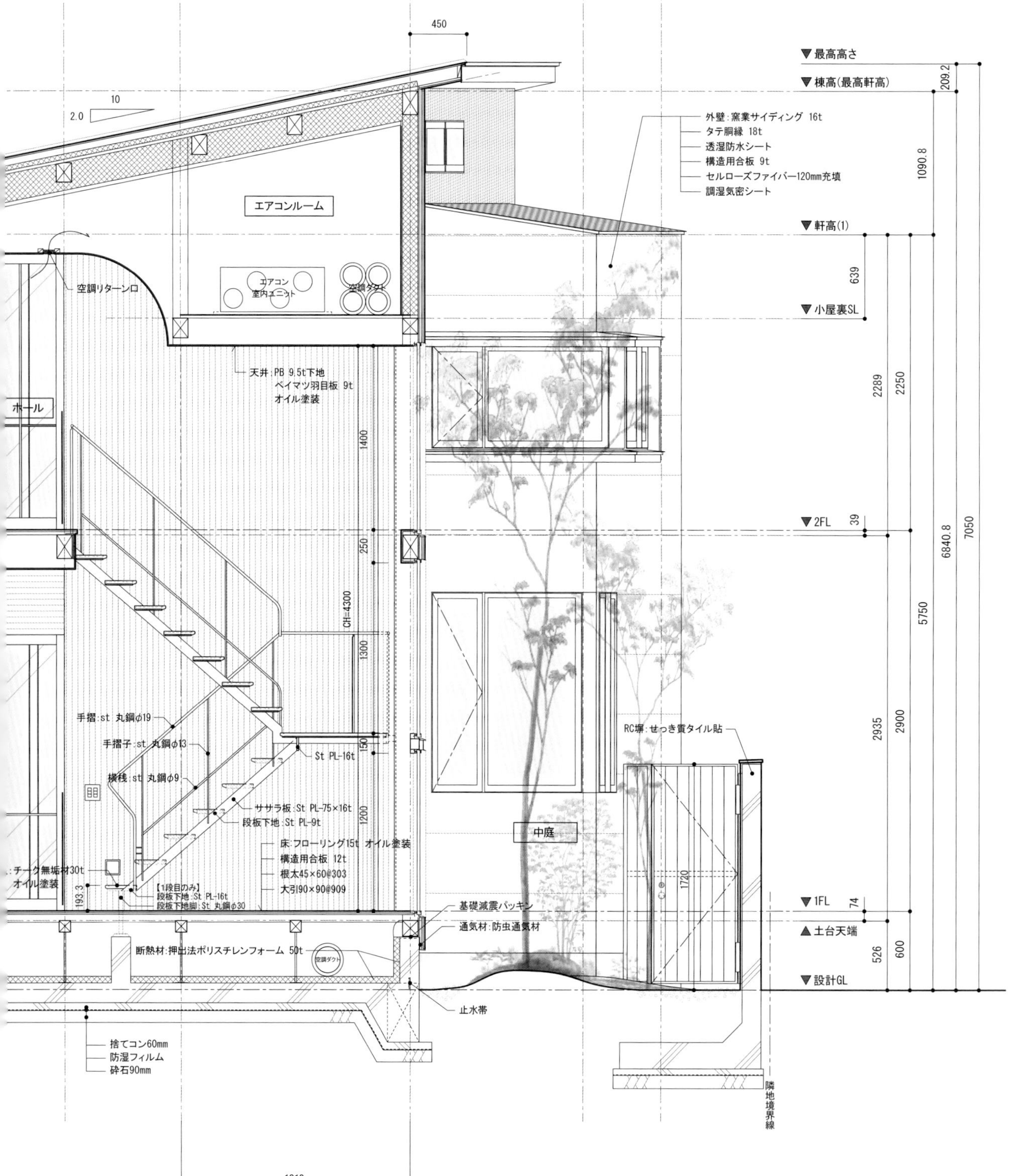
450
▼最高高さ
▼棟高(最高軒高)
10
2.0
外壁:窯業サイディング 16t
タテ胴縁 18t
透湿防水シート
構造用合板 9t
セルローズファイバー120mm充填
調湿気密シート
エアコンルーム
▼軒高(1)
空調リターン口
エアコン室内ユニット
空調ダクト
▼小屋裏SL
天井:PB 9.5t下地
ベイマツ羽目板 9t
オイル塗装
ホール
1400
▼2FL
250
CH=4300
1300
手摺:st 丸鋼φ19
手摺子:st 丸鋼φ13
St PL-16t
横桟:st 丸鋼φ9
ササラ板:St PL-75×16t
段板下地:St PL-9t
1200
中庭
RC塀:せっき質タイル貼
床:フローリング15t オイル塗装
構造用合板 12t
根太45×60@303
大引90×90@909
チーク無垢材30t
オイル塗装
【1段目のみ】
段板下地:St PL-16t
段板下地脚:St 丸鋼φ30
193.3
1720
基礎減震パッキン
通気材:防虫通気材
▼1FL
▲土台天端
断熱材:押出法ポリスチレンフォーム 50t
空調ダクト
▼設計GL
止水帯
捨てコン60mm
防湿フィルム
砕石90mm
隣地境界線
209.2
1090.8
639
2289
2250
39
2935
2900
5750
6840.8
7050
74
526
600
1818
363
D
E
F
G

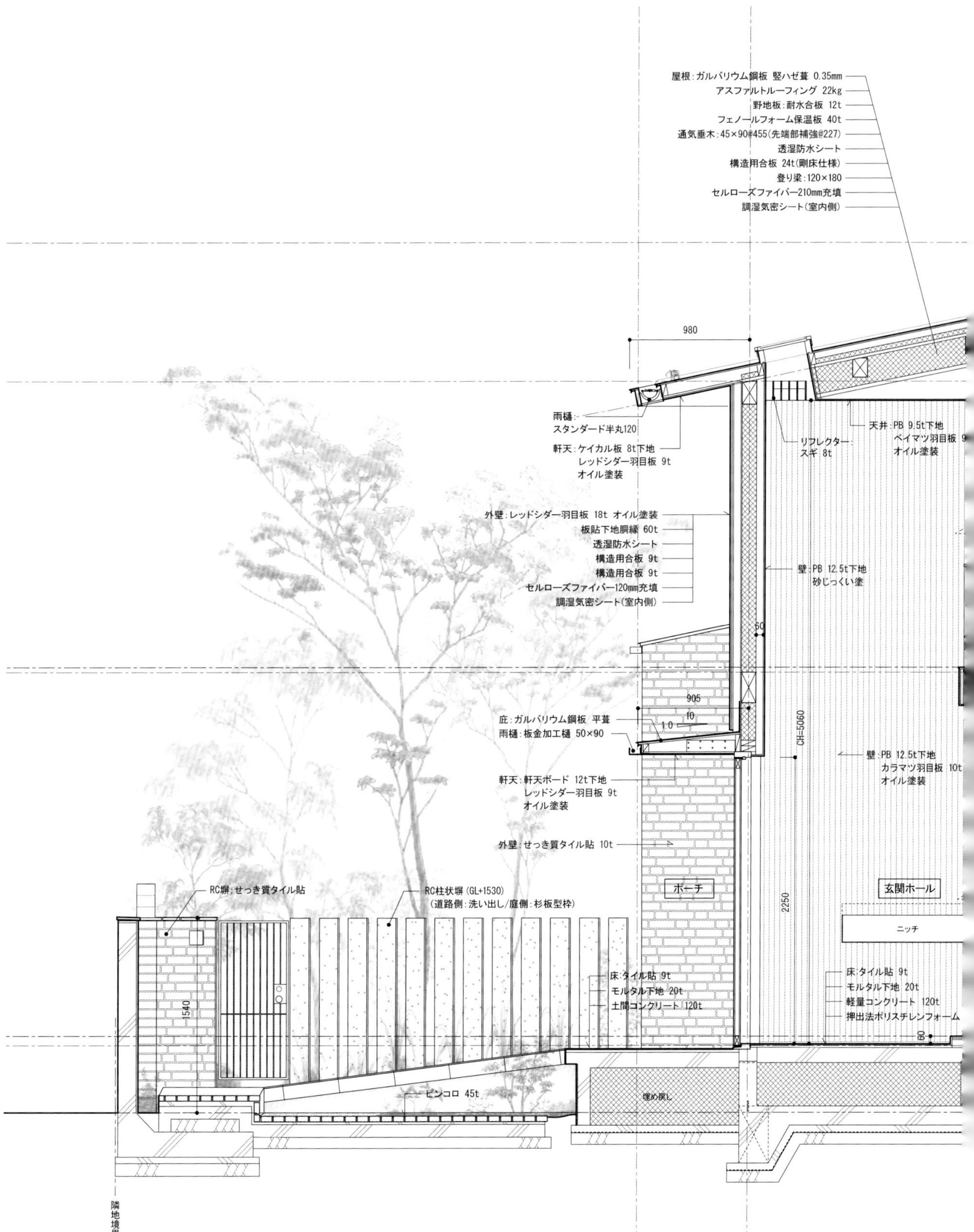
屋根：ガルバリウム鋼板 竪ハゼ葺 0.35mm
アスファルトルーフィング 22kg
野地板：耐水合板 12t
フェノールフォーム保温板 40t
通気垂木：45×90@455（先端部補強@227）
透湿防水シート
構造用合板 24t（剛床仕様）
登り梁：120×180
セルローズファイバー210mm充填
調湿気密シート（室内側）
980
雨樋：スタンダード半丸120
軒天：ケイカル板 8t下地
レッドシダー羽目板 9t
オイル塗装
リフレクター：スギ 8t
天井：PB 9.5t下地
ベイマツ羽目板
オイル塗装
外壁：レッドシダー羽目板 18t オイル塗装
板貼下地胴縁 60t
透湿防水シート
構造用合板 9t
構造用合板 9t
セルローズファイバー120mm充填
調湿気密シート（室内側）
壁：PB 12.5t下地
砂じっくい塗
60
905
10
1.0
庇：ガルバリウム鋼板 平葺
雨樋：板金加工樋 50×90
CH=5060
壁：PB 12.5t下地
カラマツ羽目板 10t
オイル塗装
軒天：軒天ボード 12t下地
レッドシダー羽目板 9t
オイル塗装
外壁：せっき質タイル貼 10t
RC塀：せっき質タイル貼
RC柱状塀（GL+1530）
（道路側：洗い出し／庭側：杉板型枠）
ポーチ
玄関ホール
2250
ニッチ
1540
床：タイル貼 9t
モルタル下地 20t
土間コンクリート 120t
床：タイル貼 9t
モルタル下地 20t
軽量コンクリート 120t
押出法ポリスチレンフォーム
60
ピンコロ 45t
埋め戻し
隣地境界線
909
3636
A
B

B-B′矩計図　S=1/45

上｜スチール階段正面。縦長のスリット窓からは北側の安定した自然光が差し込む
左頁｜玄関ホールから框戸越しにリビングを見る。トップライトからやわらかい光が落ちる

右頁｜階段見下ろし。カラマツの曲面壁と砂漆喰の左官をつなぐスリット窓。木製のブラインドがつくり出す陰影
左上｜踊り場から玄関を見る

上｜2階渡り廊下から書斎側を見る
左頁｜杉のリフレクターで濾された自然光が玄関ホールに落ちる

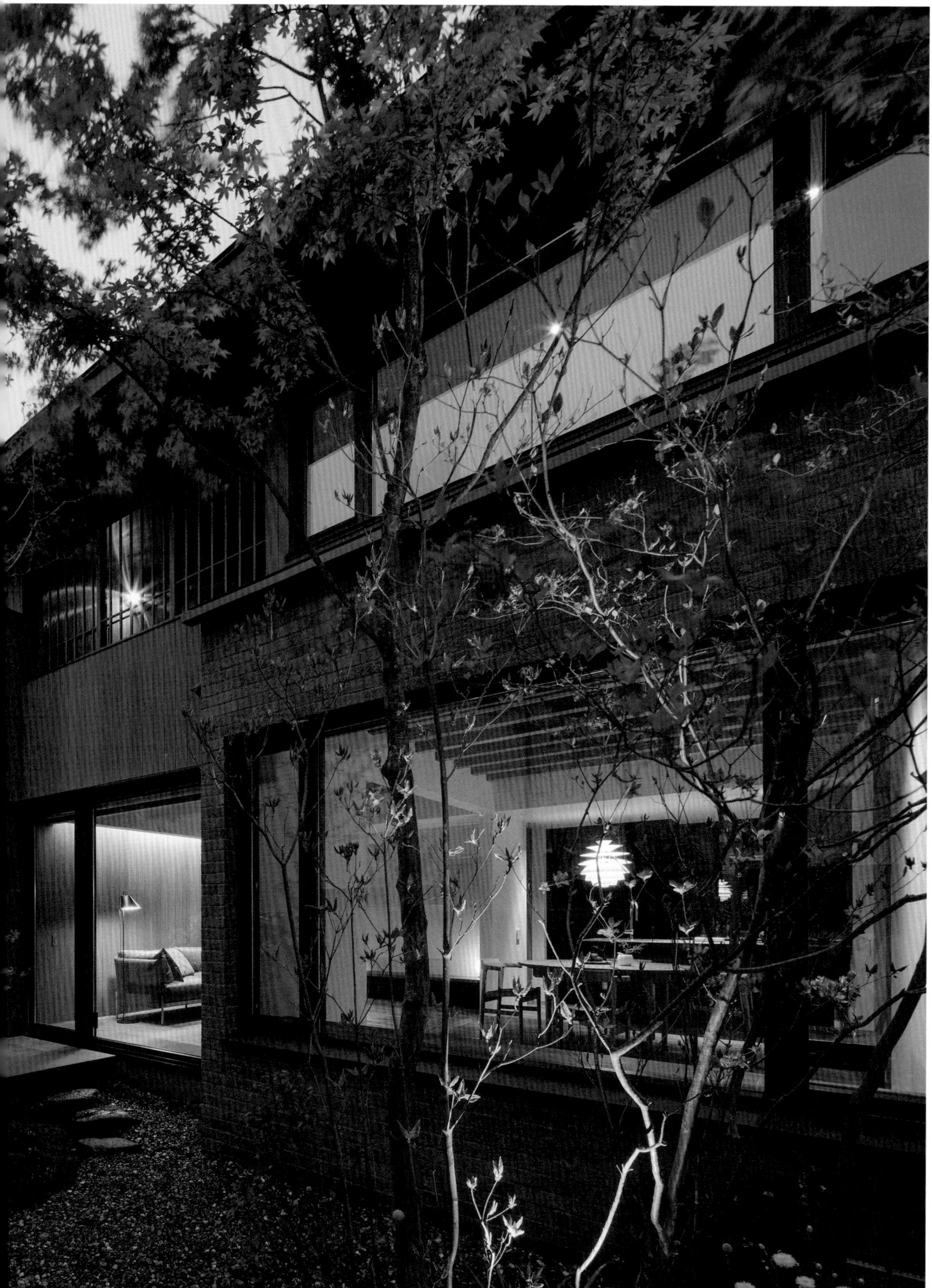

House in Aoyama

芦沢啓治

KEIJI ASHIZAWA DESIGN

豊かで美しい都市住宅をめざして

東京都心の住宅街に建つ地上3階建て、地下1階の4層のコンクリート住宅で、クライアントは、夫婦と子ども一人、そして犬が二匹である。

計画としては、近隣住戸との離隔は取れるが、交差点に面してることもあり、プライバシーに配慮してリビングとメインベッドルームにはバルコニーを設け植栽を配している。それでも十分な光を採るためトップライトを有効に活用した。外観にバルコニーの手摺と合わせてルーバーのファサードとしたのはそのためである。2階に大きなリビングとダイニングをつくり、寝室は1階と3階に分け、さらに地下に音楽をたのしむ部屋と倉庫をつくっている。都心の住宅において屋上はその家の庭のようなものである。しっかりと植栽を設け、BBQができる空間を設けた。

アートと家具に対して造詣が深く、

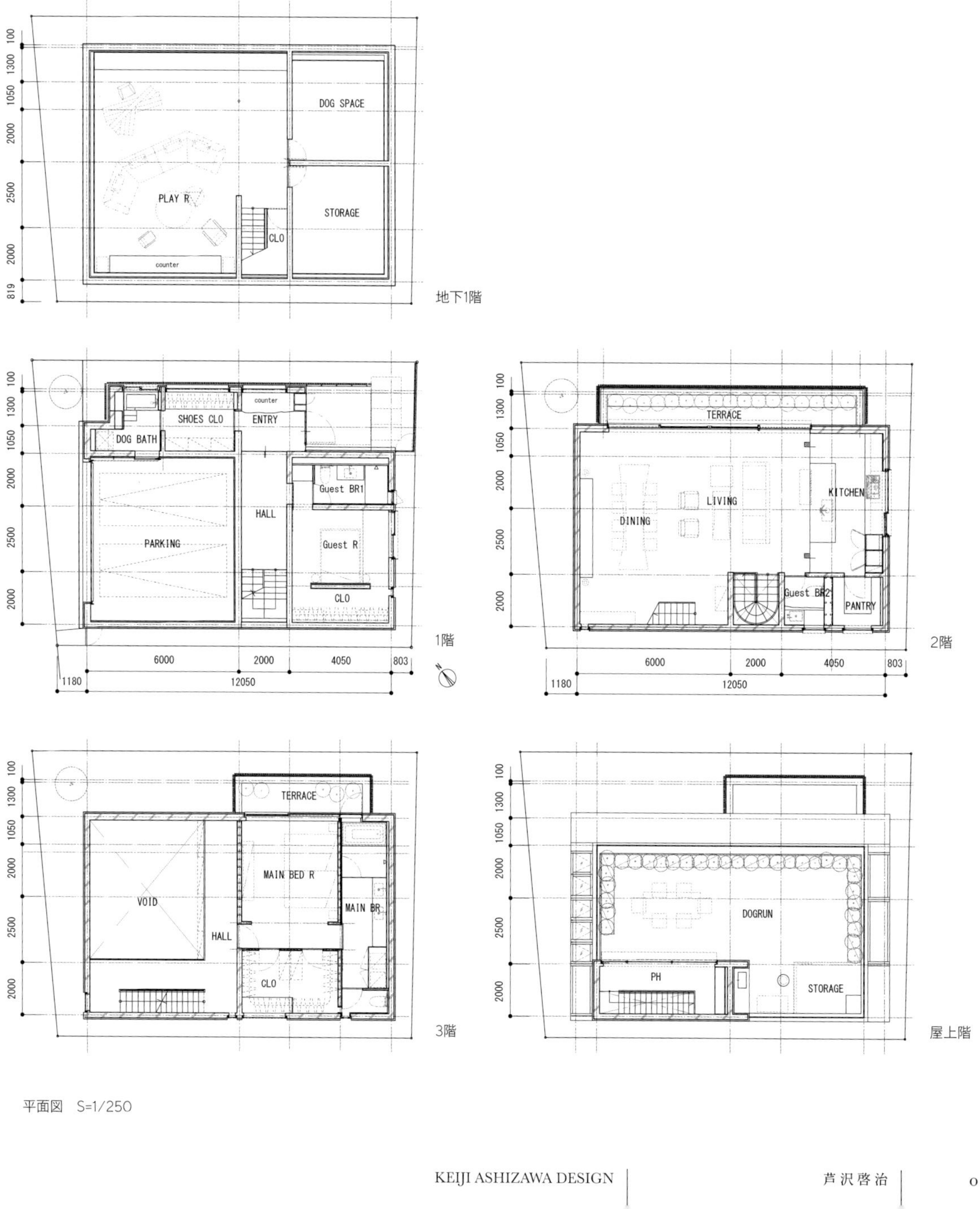

平面図 S=1/250

計画をするにあたりアートの配置計画と家具との相性も含め検討された。モダンアートの背景が必ずしも白い壁である必要がないことは確認していたが、アートが壁や空間との関係の中で大きく関係し合うことから、プロポーションや場所に関してのみならず、周辺のディテールにおいても細心の注意を払い計画している。

インテリアにおいては外壁部分で断熱を構成していることから、内装でコンクリートを露出している。施工会社との連携により、コンクリートの仕上げは、天井はリブ状、壁面は洗い出しと多様な仕上げを施している。これらの仕上げは家具やアートとの相性を確認しながら検討されている。

その昔、「家をつくるときにトレンドについて考えてはいけない」とイタリアの建築家ジオ・ポンティが雑誌《ドムス》に書いていた。長く設計に携わり家の経過を眺めてきた中で、じつに確信に満ちた言葉であると思う。この家においては、その言葉を思い出しながら計画を進めていったところがある。末長く使われる家となってもらえれば本望である。

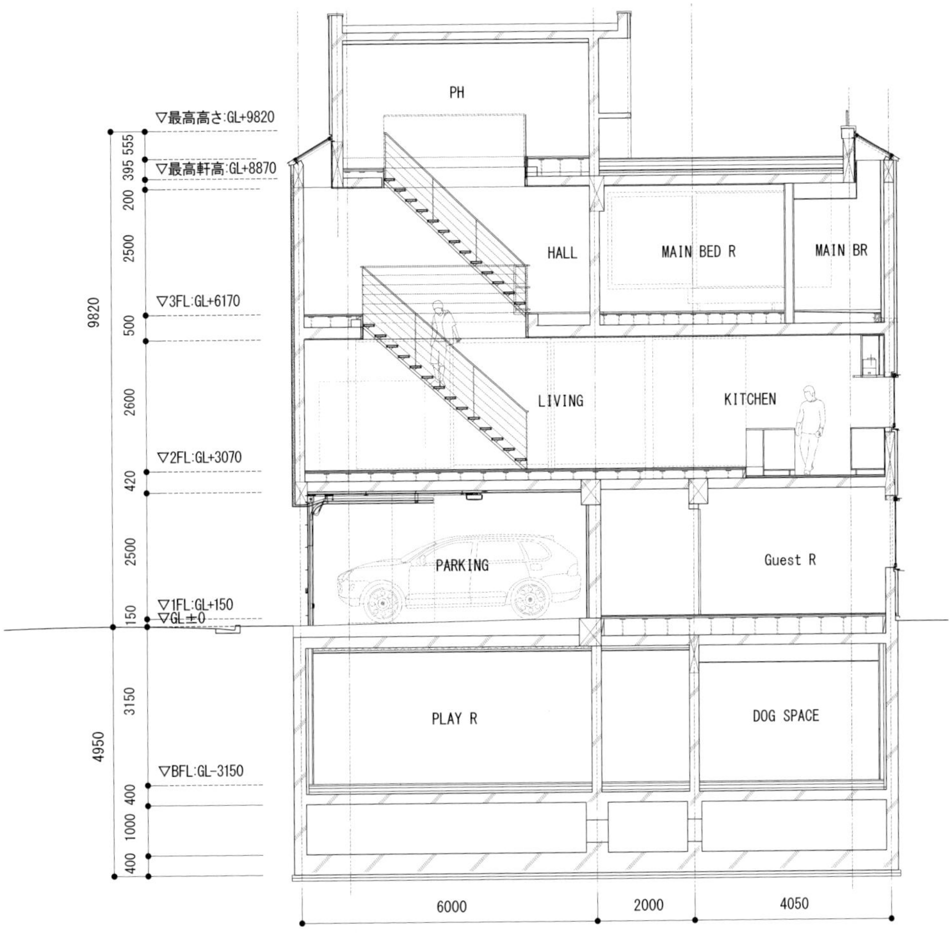

断面図　S=1/150

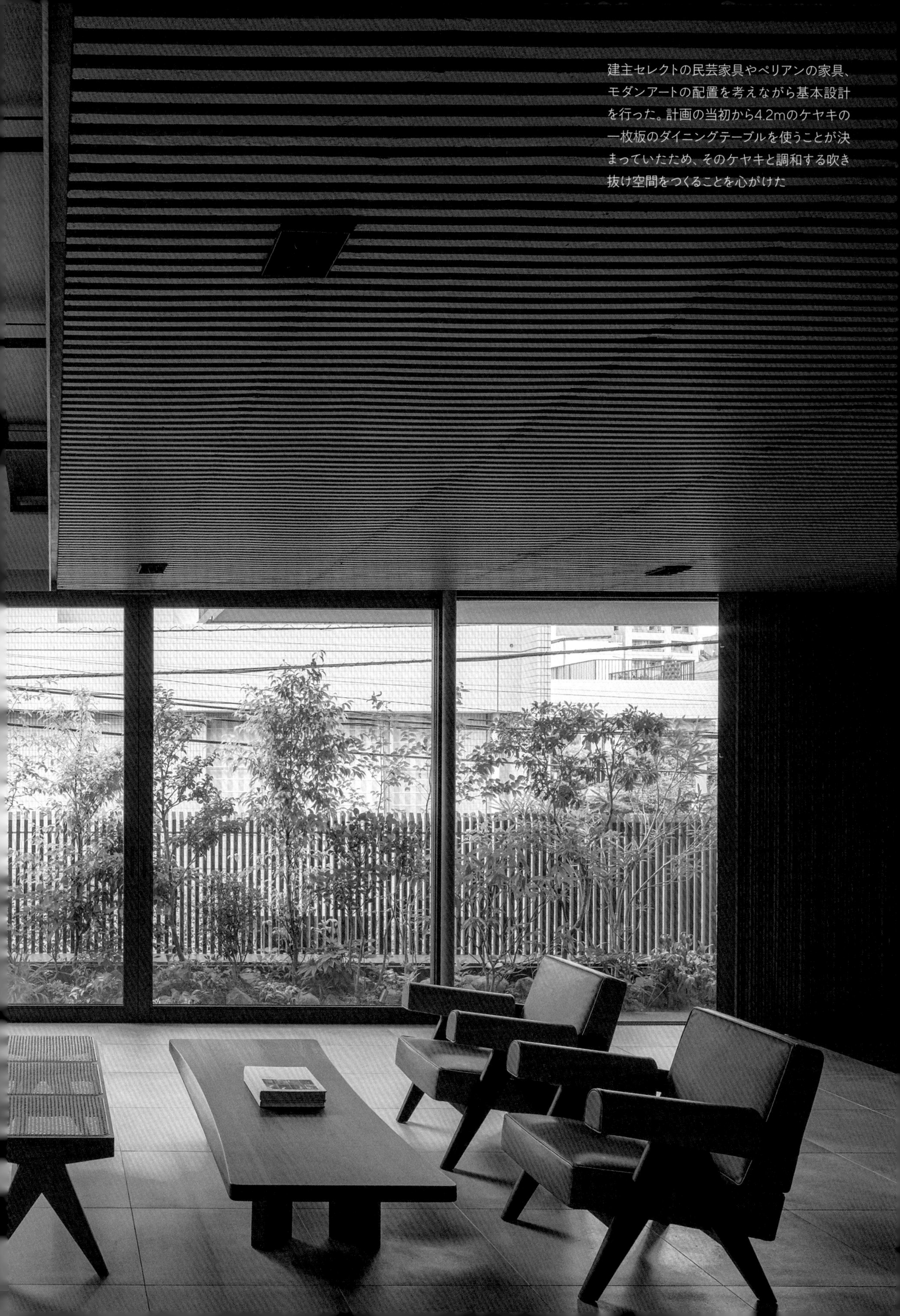

建主セレクトの民芸家具やペリアンの家具、モダンアートの配置を考えながら基本設計を行った。計画の当初から4.2mのケヤキの一枚板のダイニングテーブルを使うことが決まっていたため、そのケヤキと調和する吹き抜け空間をつくることを心がけた

KINFOLK

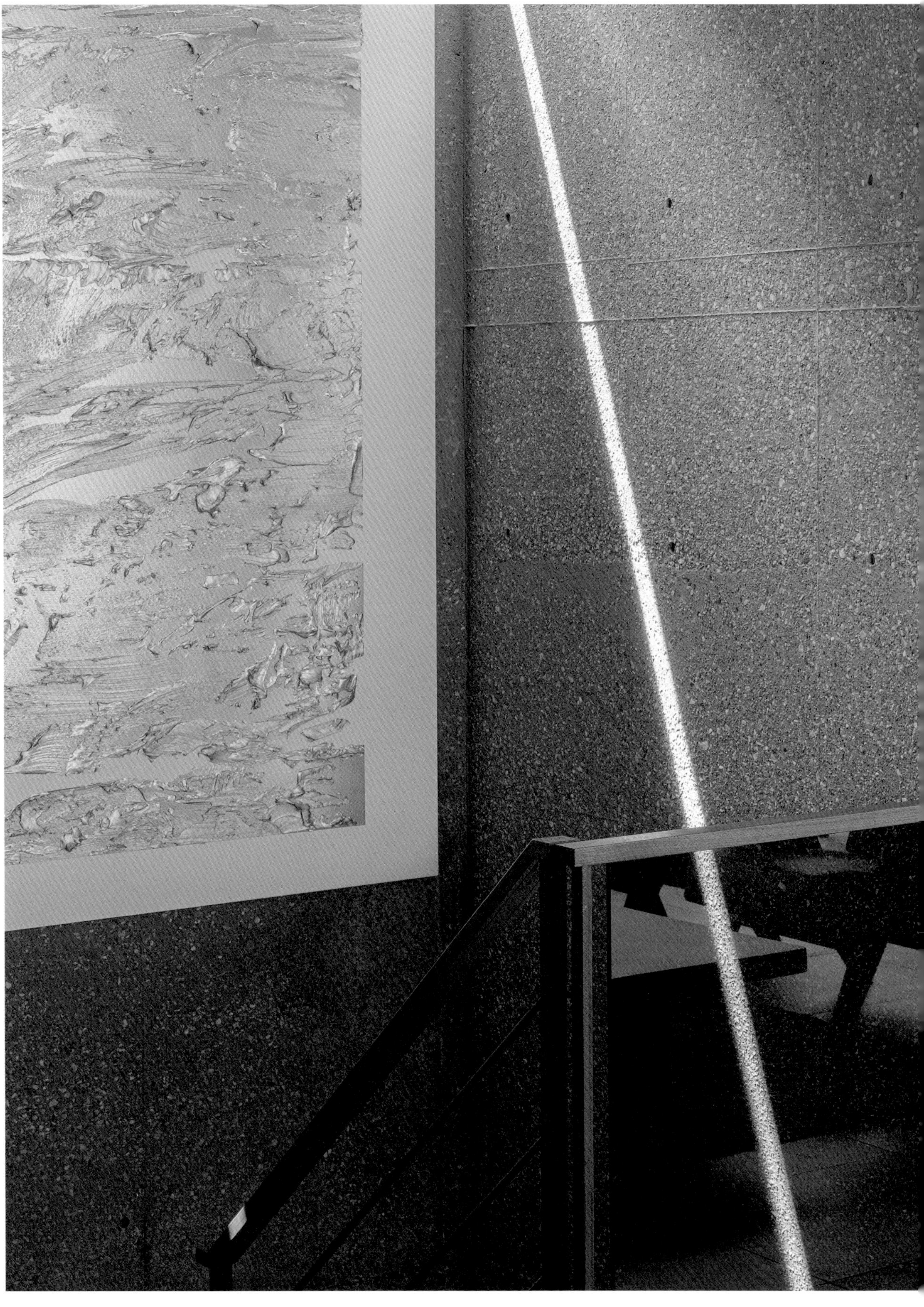

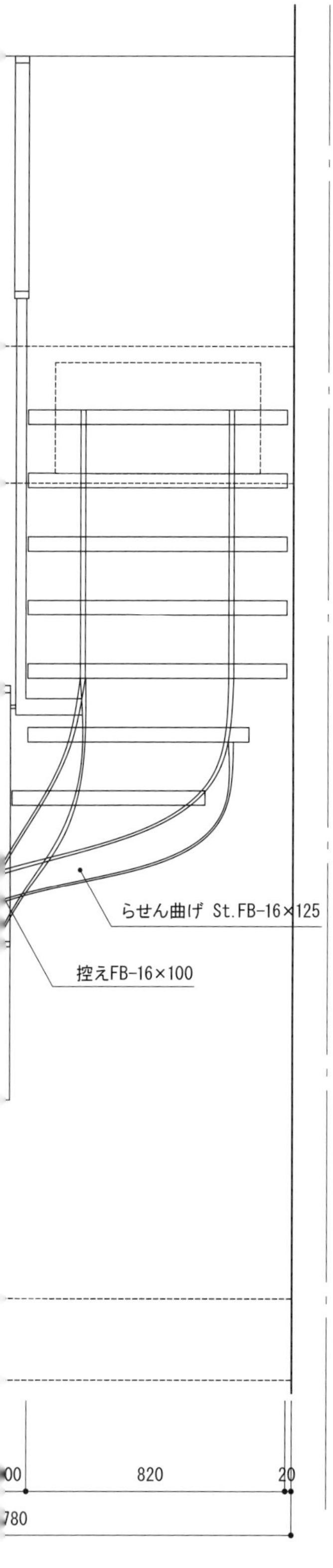

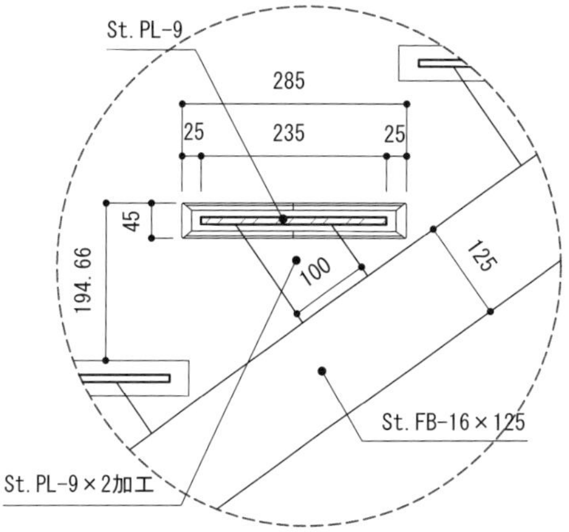

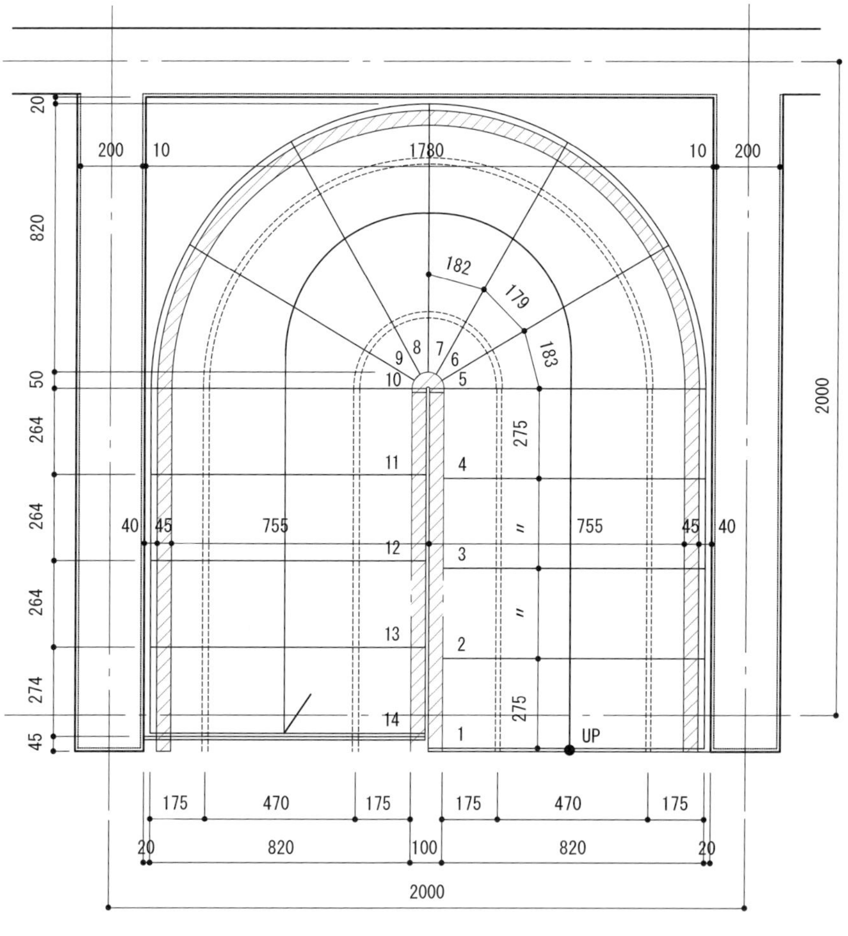

1階のエントランスから見ると、コンクリートの洗い出しの壁に囲まれた空間に浮かぶ彫刻のような強さをもちながら、家具やアートとの関係を考え空間に溶け込むやわらかさも必要とした。全体としてシンプルなディテールとしつつ、手摺は強度がありかつ繊細な印象を与えるギリギリのポイントを探した。また手摺笠木には木をかぶせ、空間の質をハードになりすぎないように調整し検討した

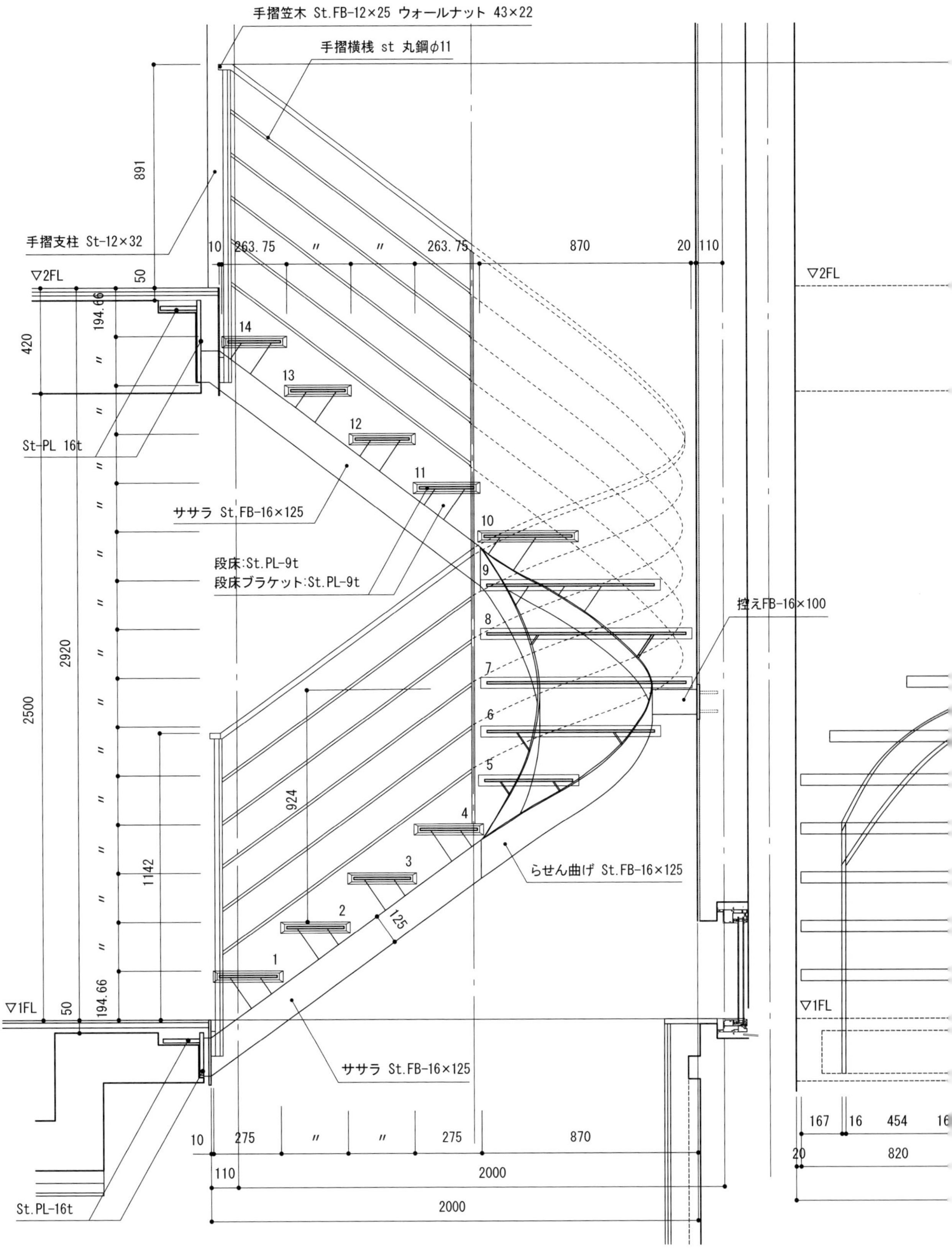

手摺笠木 St.FB-12×25 ウォールナット 43×22
手摺横桟 st 丸鋼φ11
手摺支柱 St-12×32
▽2FL
St-PL 16t
ササラ St.FB-16×125
段床:St.PL-9t
段床ブラケット:St.PL-9t
控えFB-16×100
らせん曲げ St.FB-16×125
▽1FL
ササラ St.FB-16×125
St.PL-16t

階段詳細図

2階から3階の吹き抜けの空間に見えてくる
階段の美しさを検討し、片持ち、片ササラの
ディテールにすることで、構造的に強度を満
たしつつシンプルに納めている

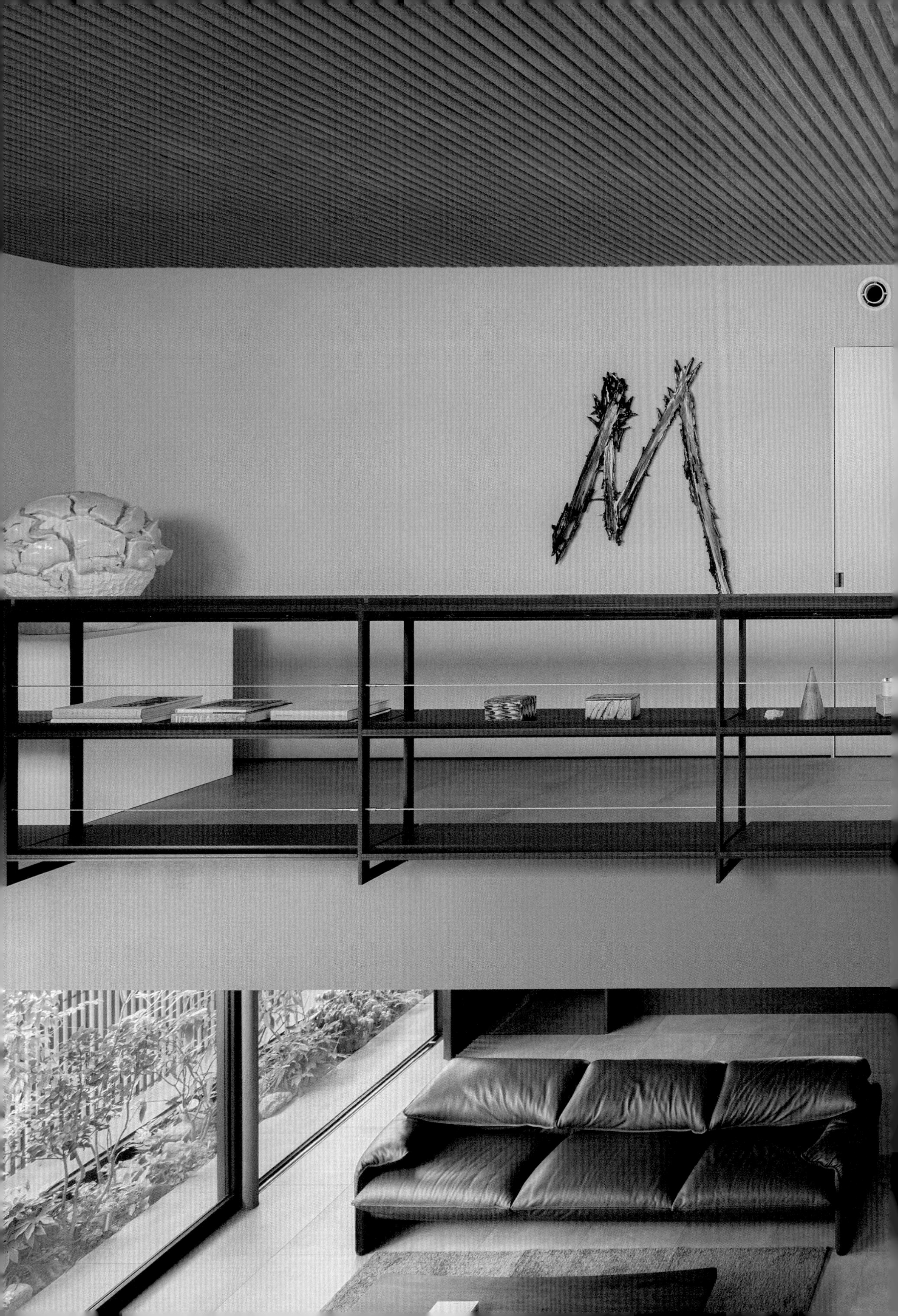
IITTALA

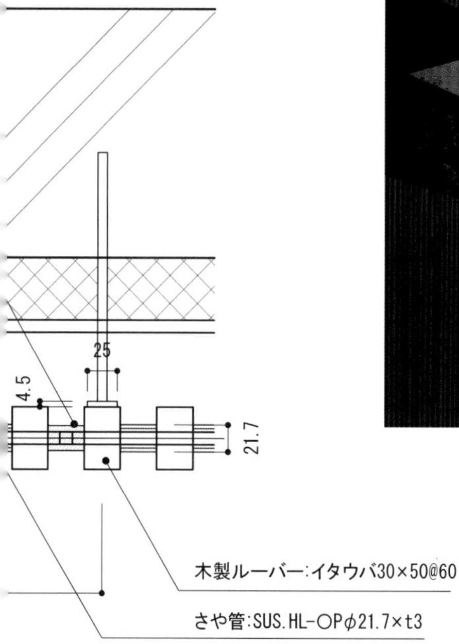

25
4.5
21.7
木製ルーバー:イタウバ30×50@60
さや管:SUS.HL-OPφ21.7×t3

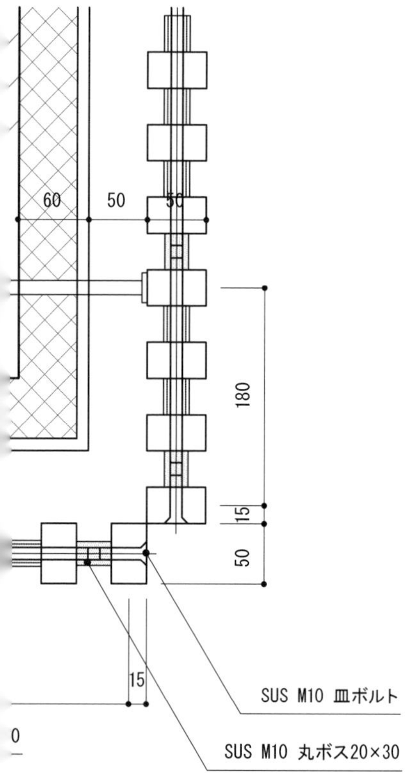

60
50
50
180
15
50
15
SUS M10 皿ボルト
SUS M10 丸ボス20×30

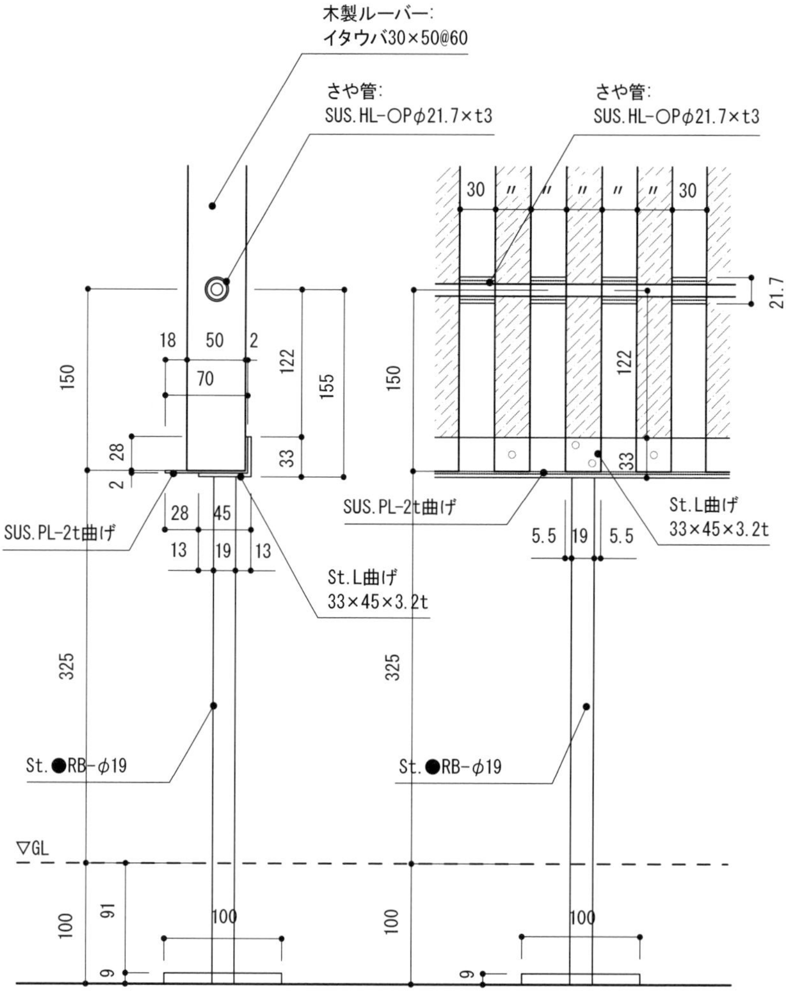

木製ルーバー:
イタウバ30×50@60
さや管:
SUS.HL-OPφ21.7×t3
さや管:
SUS.HL-OPφ21.7×t3
30 〃 〃 〃 〃 〃 30
21.7
150
18 50 2
70
122
155
28
33
2
SUS.PL-2t曲げ
28 45
13 19 13
St.L曲げ
33×45×3.2t
150
122
33
SUS.PL-2t曲げ
St.L曲げ
33×45×3.2t
5.5 19 5.5
325
325
St.●RB-φ19
St.●RB-φ19
▽GL
100
91
100
9
100
100
9

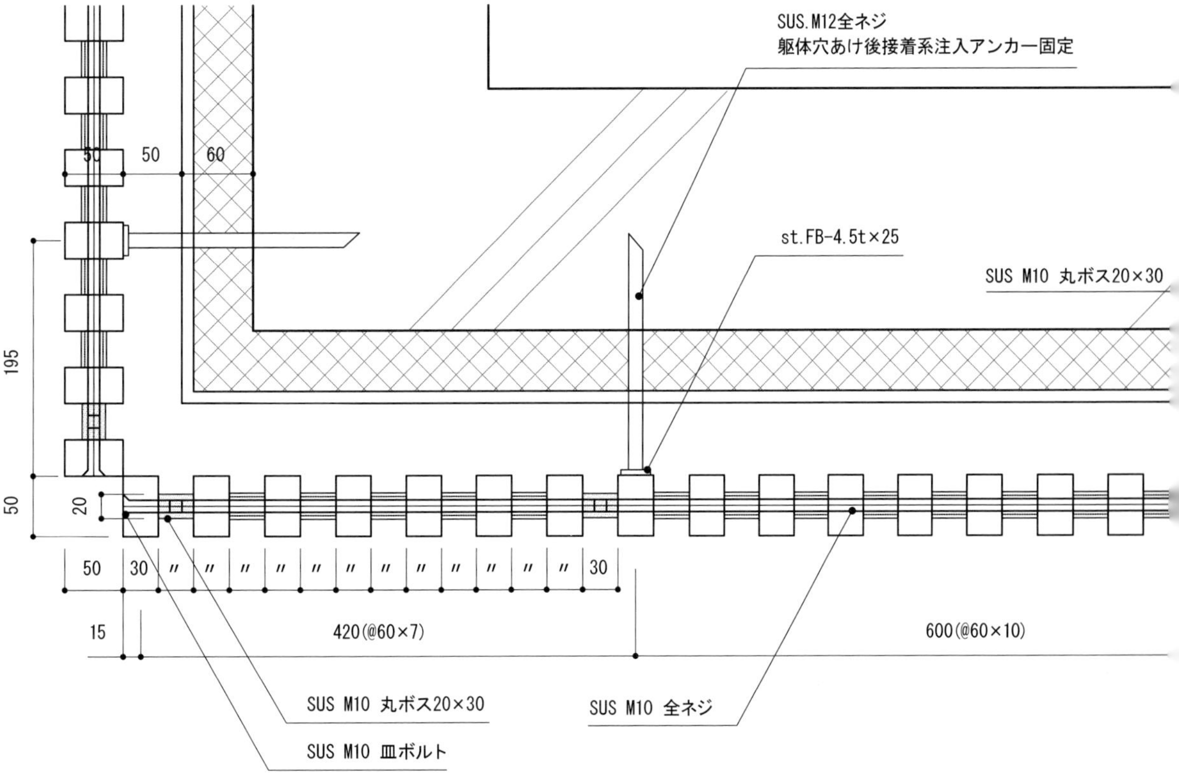
SUS.M12全ネジ
躯体穴あけ後接着系注入アンカー固定
st.FB-4.5t×25
SUS M10 丸ボス20×30
50
60
195
50
20
15
420(@60×7)
600(@60×10)
SUS M10 丸ボス20×30
SUS M10 全ネジ
SUS M10 皿ボルト

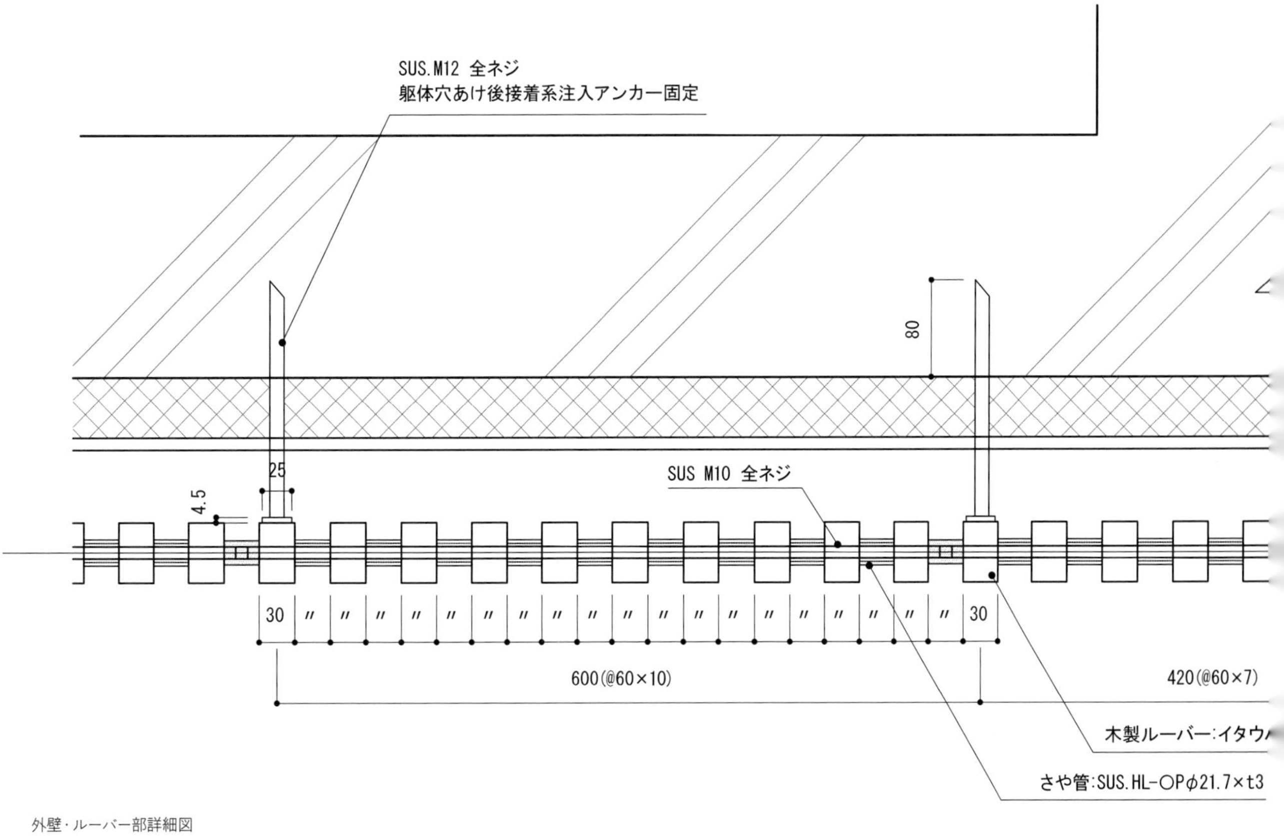
SUS.M12 全ネジ
躯体穴あけ後接着系注入アンカー固定
80
25
4.5
SUS M10 全ネジ
30
600(@60×10)
420(@60×7)
木製ルーバー:イタウ
さや管:SUS.HL-OPφ21.7×t3

外壁・ルーバー部詳細図

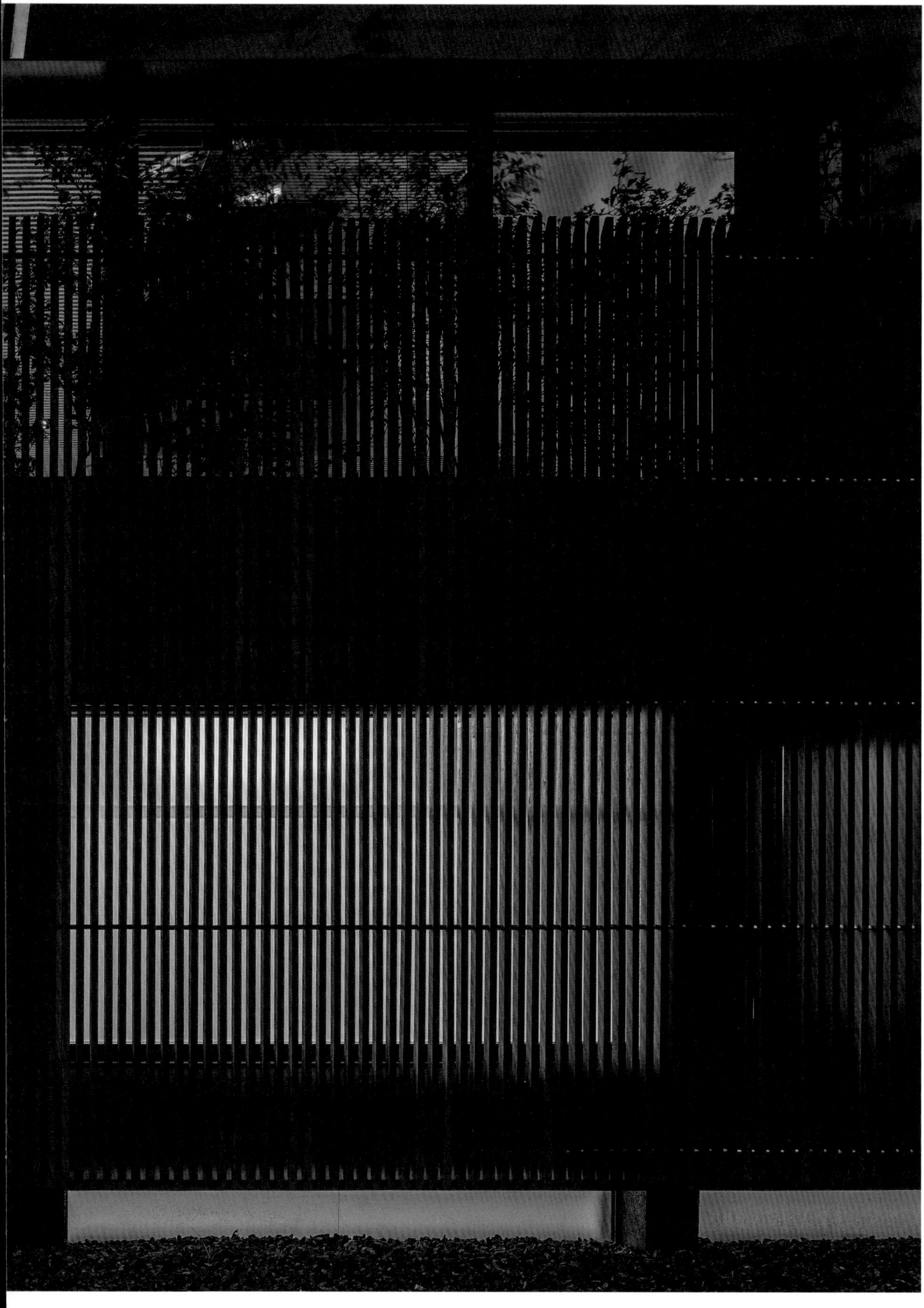

COX
新関謙一郎
NIIZEKI STUDIO

大地と生命の力

初めてこの場所を訪れたのが2010年6月なので、いまから遡ると14年も前になる。大通りで区画されたつくばの街を少し歩くと、急に畑が広がる風景に変わり、その一角に木々に包まれた場所があった。その緑を分け入るように進むと、小さな蔵が静かに佇んでいる。冷んやりとした空気の中で素敵なものが並ぶお店と、その小屋裏である2階は美味しいコーヒーとお菓子を頂ける空間となっていた。この蔵を残しつつ、庭先に新たに飲食の空間をつくり、食事をたのしみながらこの場所でゆっくり過ごせる空間をつくりたいという依頼であった。

大きく広がるつくばの街で、ここはオアシスのような存在だと思った。日陰を探しながら大通りを歩き、ようやく辿り着いたここで、やっと木陰と風を感じ、汗が引いたことを覚えている。大きく変化した街の中で、ここだけは穏やかな風景も時間の流れも、かつてのまま変わっていないのかもしれない。できるだけそれを残し、小さな蔵とその庭の深い緑はそのままに、道沿いの駐車場だった部分に小さな建築をつくるのがよいのではと考えた。

計画を具体的にしていこうと思った途端、大災害に見舞われた。2011年3月の東日本大震災である。多くの建築が一瞬にして壊れ、茨城も大きな被害を受けた地域であったことも重なり、新しい建築を生み出そう、という機運ではなくなった。幸いにも蔵に大きな被害はなかったが、どうすべきかをいま一度考えるいい時間を過ごすこととなった。1年半ほどが経ち話を再開したときには、以前にも増して、この場所にふさわしく穏やかな時間が流れる場所をつくるのがよいのだろうと自然に感じたことを覚えている。

大きく広がる関東平野に筑波山が飛び出しているように、この平坦なつくばの街に、あたかも昔からそこにあったような地形の姿を想像した。大地のこぶのように地中から隆起した塊は、その姿を現そうとする大地の力。そして次第にそれを包み込むように茂る緑の力が加わり、あたかも大地の意志と生命の意志が互いに組み合っているような姿になってゆく。そんな人の営みよりも遥かに大きな存在となるような建築を思い描いた。心地よい居場所、きれいな光、精緻なディテール、建築はそんなやさしさの上に積み上げられたものではなく、もっと大きな力の上に成り立っているものではないだろうか。そんな自分より大きな存在の中に身を置いたとき、人は心から静けさを感じられるものなのかもしれない。

この建築が生まれて10年近くが経つが、それを土や木々が包み込みにはもう少し時間が必要かもしれない。いまでも変わることなく建ち続ける蔵や木々とともに、この建築もいずれは勢いのある緑の生命力に包まれていく姿を想像している。緑に包まれながらも、その姿を見せようとする大地の隆起、洞窟のような深い影と木々の揺らめきを写し込む壁、その中に生まれた静かな人の居場所。時を経て、大地と生命の力がこの街に深い陰影を残せたらと思っている。

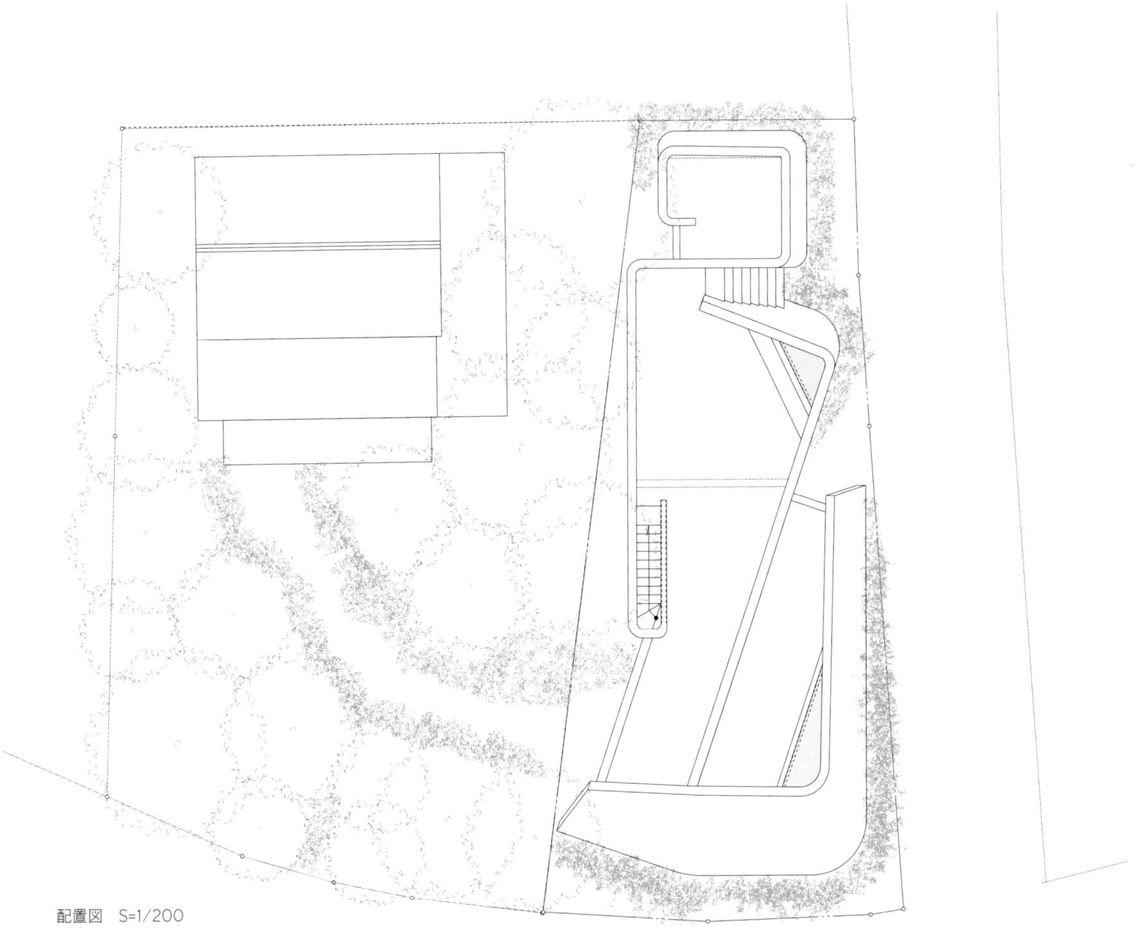

配置図　S=1/200

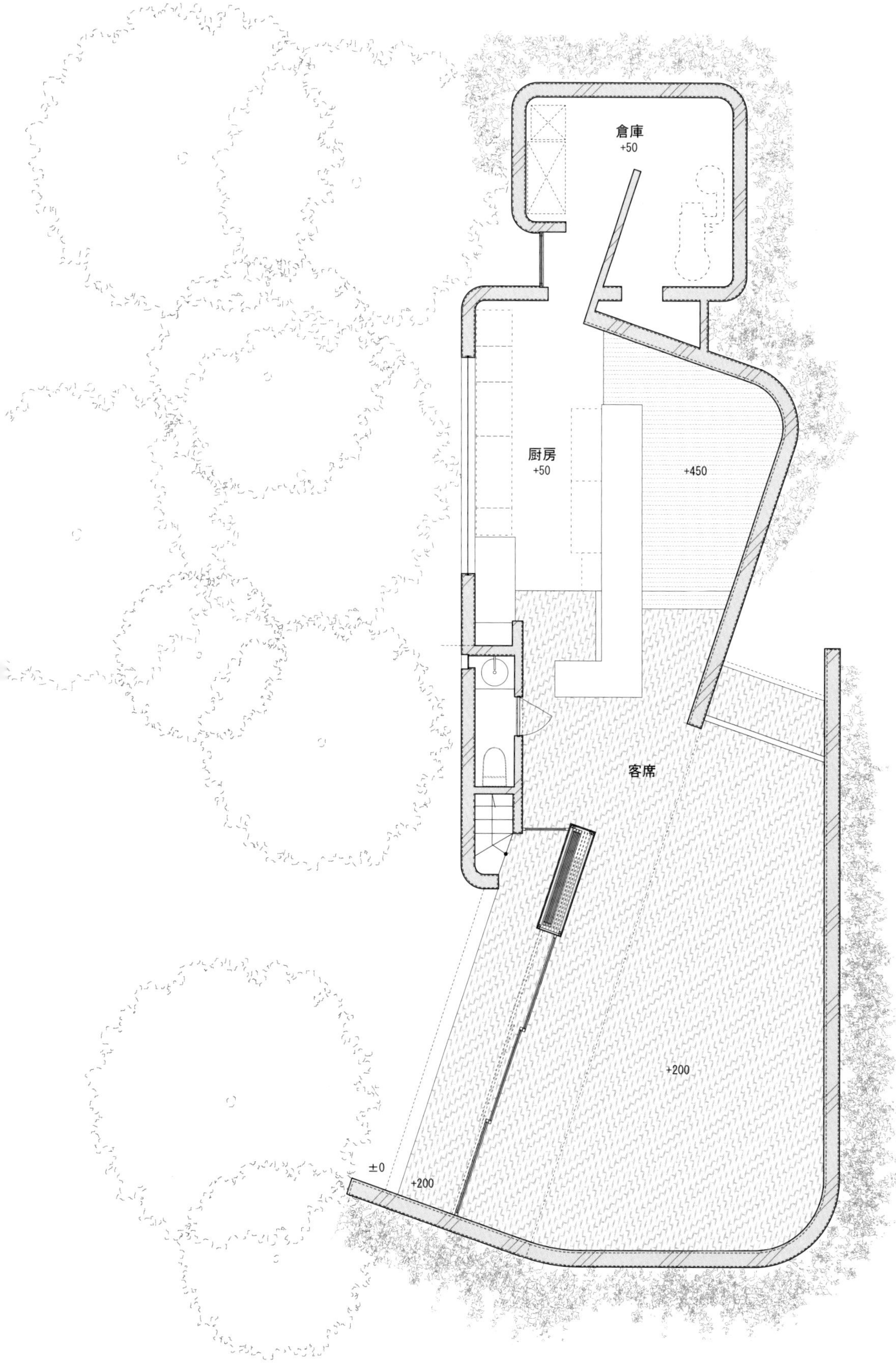

平面図 S=1/100

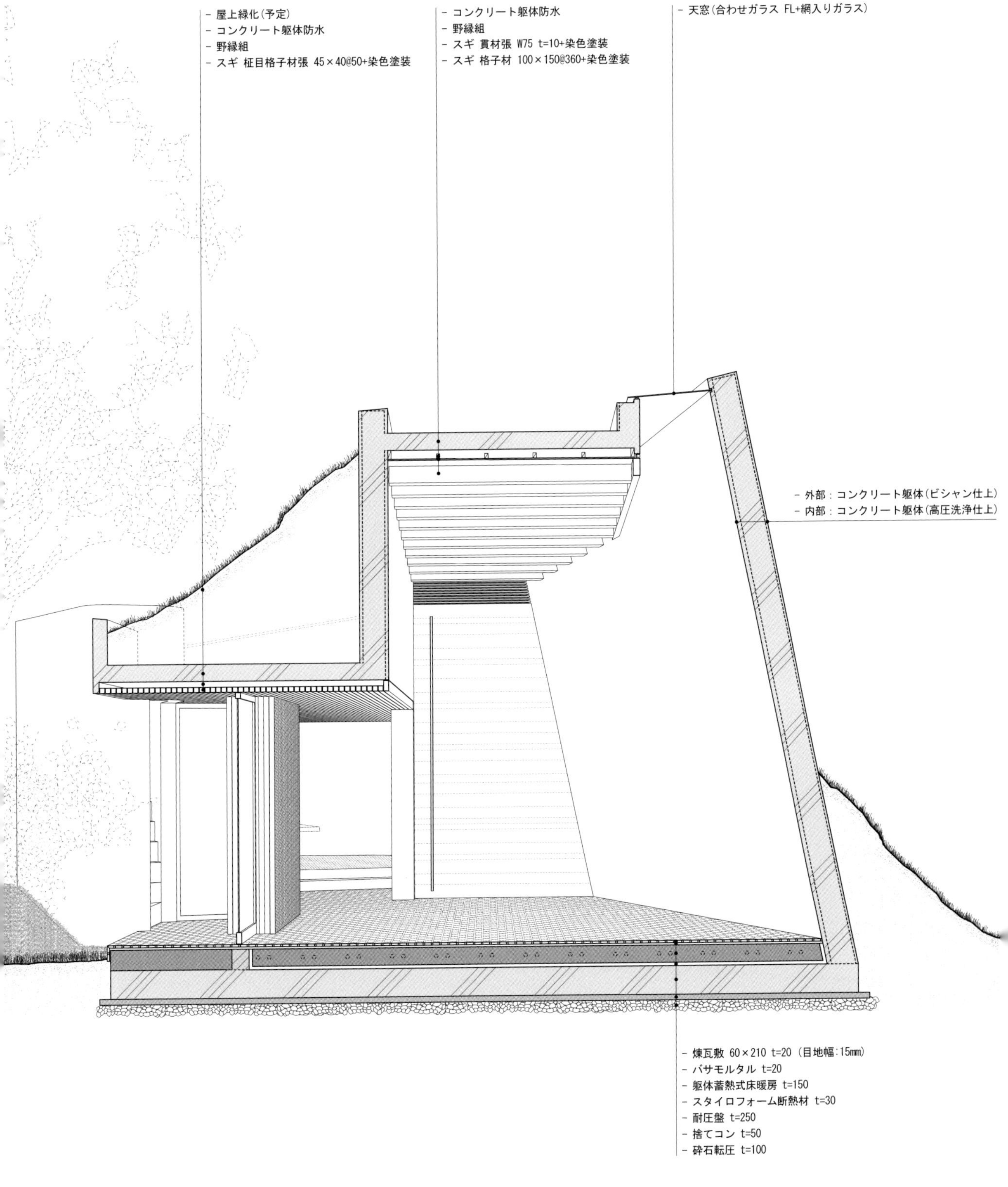
- 屋上緑化(予定)
- コンクリート躯体防水
- 野縁組
- スギ 柾目格子材張 45×40@50+染色塗装
- コンクリート躯体防水
- 野縁組
- スギ 貫材張 W75 t=10+染色塗装
- スギ 格子材 100×150@360+染色塗装
- 天窓(合わせガラス FL+網入りガラス)
- 外部:コンクリート躯体(ビシャン仕上)
- 内部:コンクリート躯体(高圧洗浄仕上)
- 煉瓦敷 60×210 t=20 (目地幅:15mm)
- バサモルタル t=20
- 躯体蓄熱式床暖房 t=150
- スタイロフォーム断熱材 t=30
- 耐圧盤 t=250
- 捨てコン t=50
- 砕石転圧 t=100

断面図 S=1/50

片瀬山のアトリエ

手嶋 保

Tamotsu Teshima
Architect & Associates

眺望と光と

眼下に江ノ島を望み、西には富士山を遠望する風光明媚なこの地には、築49年あまりの既存RC住宅が建っていた。この建物を購入した建主はこれをリノベーションして住み継ぐことを前提に、残余の土地にアトリエを別棟として建てることを考えていた。

海を望むこの既存建物は当初コンクリート躯体の中性化、酸性化が懸念されていたが、調査したところ躯体性能として良好であった。計画的にも周辺環境に対し理に適った構成になっており、建築や外構の在り方を街路の一部としてアップデートしながら整えることは必定のように思われた。

そこで既存の改修を行いながら残余の土地に別棟で建主の創作活動の拠点として増築を行うこととなった。まず既存住宅については外断熱を施し、不十分であった断熱性能を高め、既存躯体の中性化の進行を止めることで耐久性を担保した。元の設計図があったことで新しいプランに相応の構造の変更への検証が可能となり、開口部においては適材適所に十分な気密と耐久性をもつよう、かつ新たに建築と一体になるようデザインした。屋根は陸屋根で外断熱であったところを上から片流れの木造屋根を付加してさらなる断熱と耐久性を向上させ、建物はより現代的な外観と機能を備えると同時に、未来に向けた持続可能な建築として蘇った。既存に手を加える際には「在るもの」への

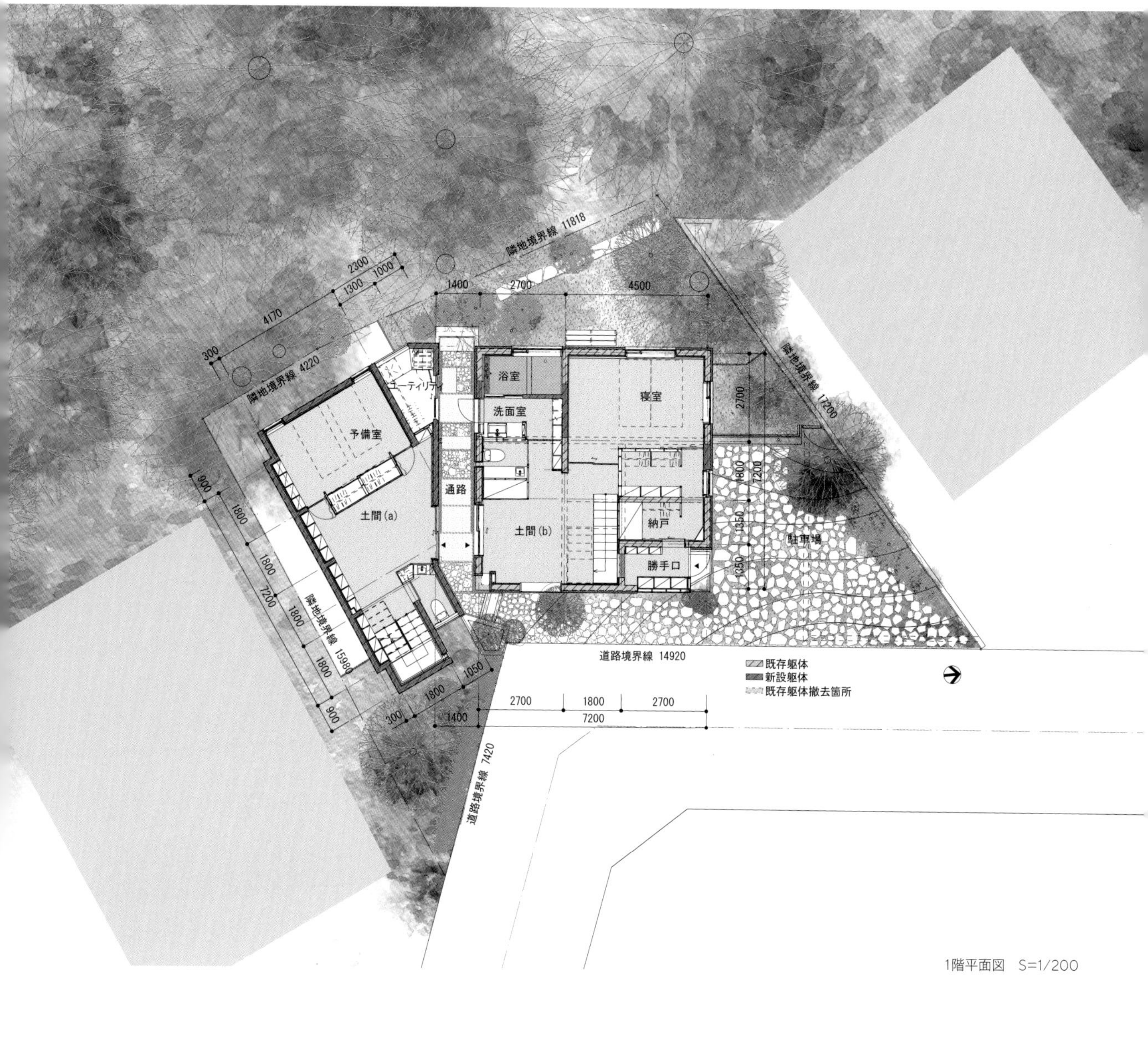

1階平面図　S=1/200

敬意と街並みへの配慮が求められる。長年のうちに纏った人々の場の記憶に配慮したい。

増築されたアトリエ棟は、建主の創作活動のための特別な空間として設計された。その多角形の平面は限られた面積を体感的にそれ以上の広がりをもたらしている。

アトリエ棟の1階はエントランスと居室を備え、地階には収蔵庫を設けた。2階はアトリエとして機能し、多角形平面が広々とした空間が創造的な活動に最適な環境を提供する。特に、東西に配置されたハイサイドライトからは、自然光が取り込まれ、作業効率と心地よさを高めた。

しかし、この東西に配置されたハイサイドライトからの自然光は反射版としての効果や、洗い出されたコンクリート面のテクスチャーは光を乱反射させ、拡散する効果をもたらしている。

同時に書棚には直射日光が当たらないように設計されている。

1階から東側壁はすべて書棚とした。窓からは木漏れ陽が差し込んで四季折々に多様な場所が光と眺望によって立ち現れる。屋上はテラスとして周辺を見渡す場所となり、所与の条件から限定的に導き出された多様な光と空間を内包するこの小さな建物は、この場所の固有性を表している。

道路からの導入部である路地空間は海への軸線であり、新旧をつなぐ第三の空間にしたいと考えた。この路地には植栽は設けず、仕上げを石や砂、コンクリートとすることで、遠く広がる海とイメージのつながりを求めた。

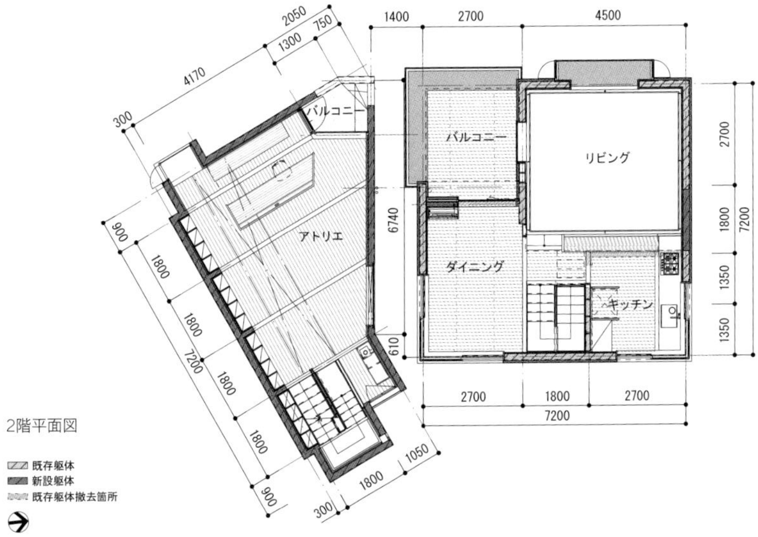

2階平面図

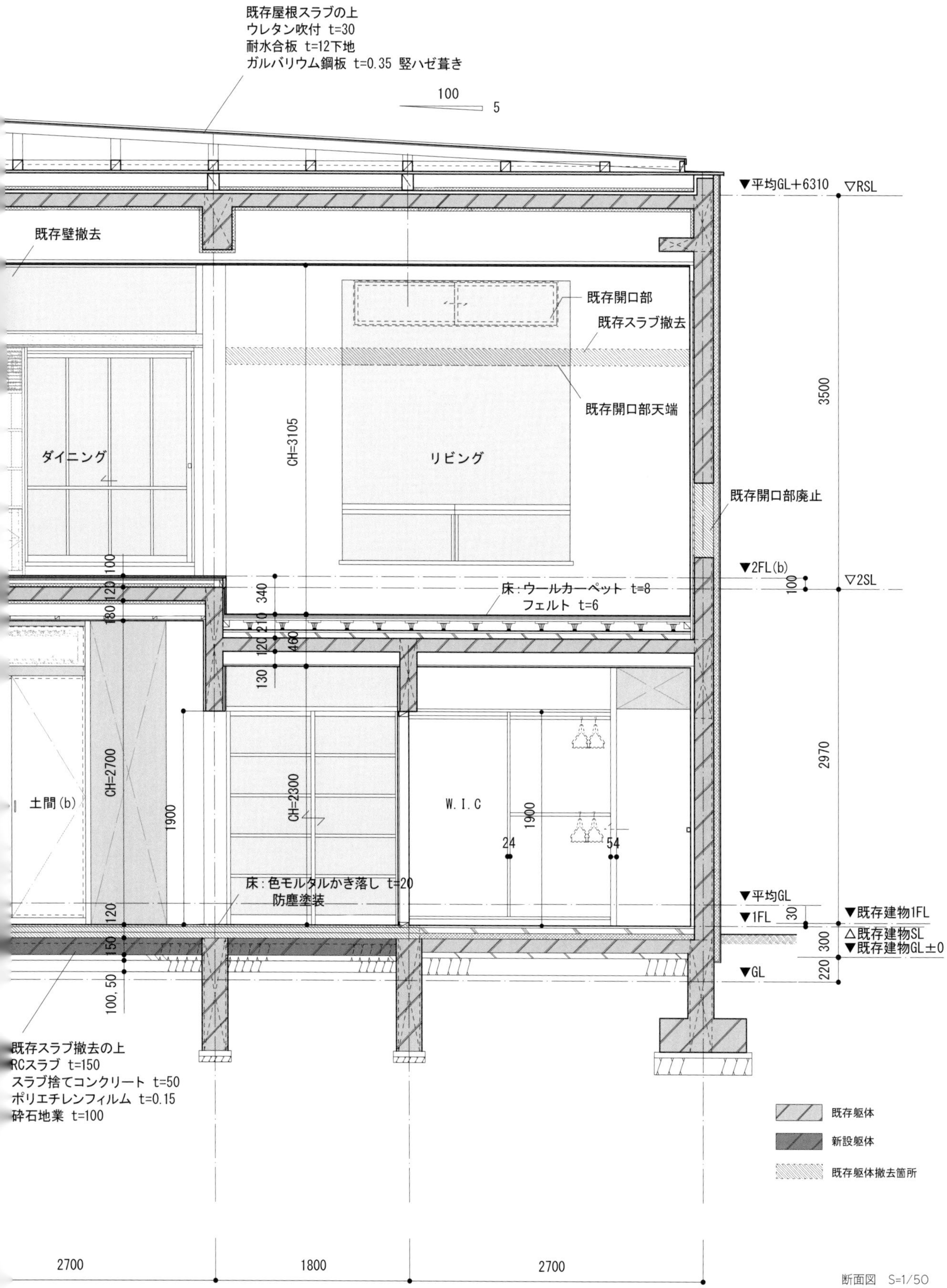
既存屋根スラブの上
ウレタン吹付 t=30
耐水合板 t=12下地
ガルバリウム鋼板 t=0.35 竪ハゼ葺き
100
5
▼平均GL+6310
▽RSL
既存壁撤去
既存開口部
既存スラブ撤去
既存開口部天端
3500
ダイニング
CH=3105
リビング
既存開口部廃止
▼2FL(b)
▽2SL
100
床:ウールカーペット t=8
フェルト t=6
100
120
180
340
210
120
460
130
CH=2700
土間(b)
1900
CH=2300
W.I.C
1900
24
54
2970
床:色モルタルかき落し t=20
防塵塗装
▼平均GL
▼1FL
30
120
150
100,50
▼既存建物1FL
△既存建物SL
▼既存建物GL±0
300
220
▼GL
既存スラブ撤去の上
RCスラブ t=150
スラブ捨てコンクリート t=50
ポリエチレンフィルム t=0.15
砕石地業 t=100
既存躯体
新設躯体
既存躯体撤去箇所
2700
1800
2700

断面図 S=1/50

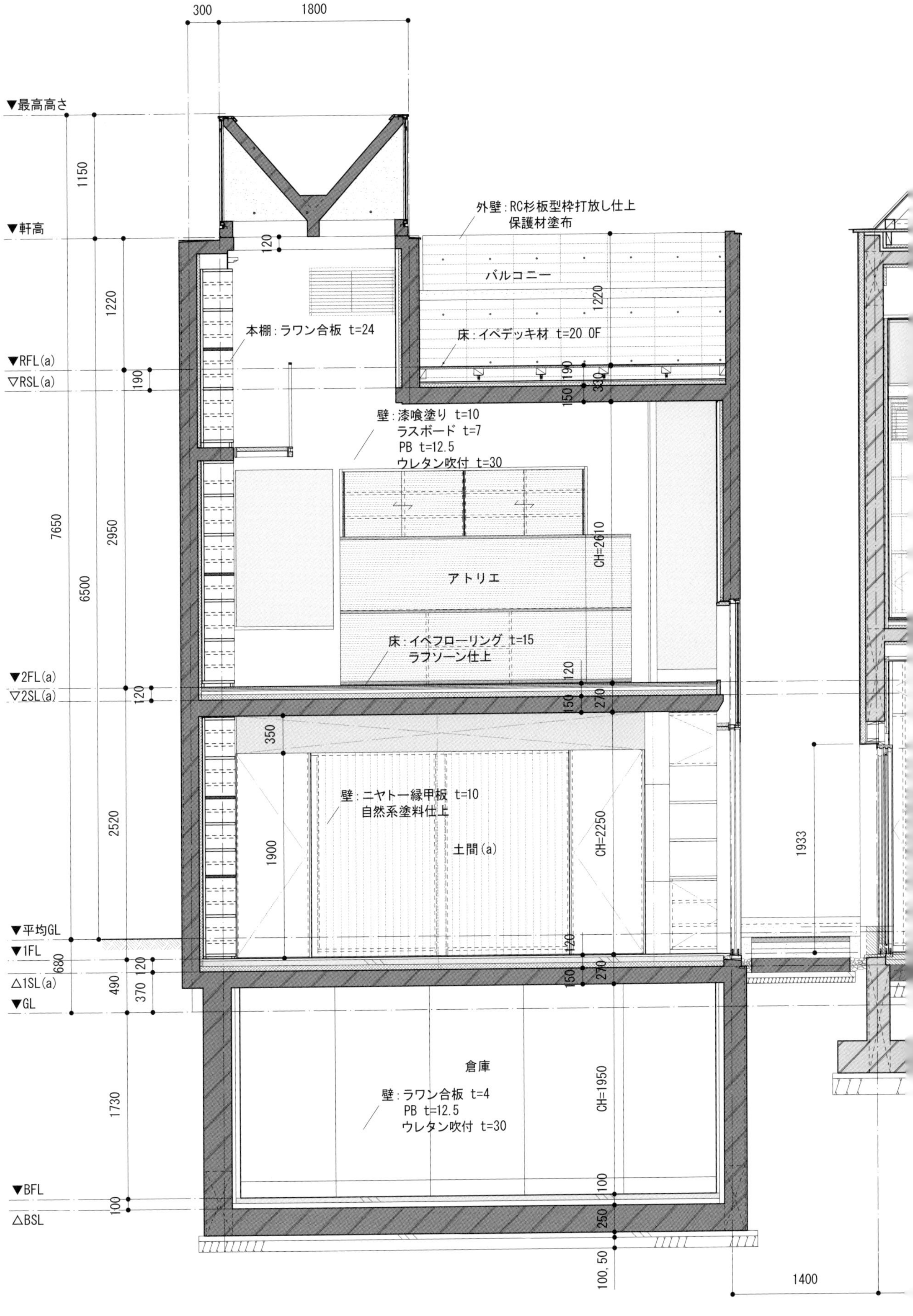
300
1800
▼最高高さ
▼軒高
▼RFL(a)
▽RSL(a)
▼2FL(a)
▽2SL(a)
▼平均GL
▼1FL
△1SL(a)
▼GL
▼BFL
△BSL
1150
1220
190
2950
7650
6500
120
2520
680
490
120
370
1730
100
外壁：RC杉板型枠打放し仕上
保護材塗布
バルコニー
1220
床：イペデッキ材 t=20 OF
本棚：ラワン合板 t=24
190
330
150
壁：漆喰塗り t=10
ラスボード t=7
PB t=12.5
ウレタン吹付 t=30
CH=2610
アトリエ
床：イペフローリング t=15
ラフソーン仕上
120
270
150
350
壁：ニヤトー縁甲板 t=10
自然系塗料仕上
1900
土間(a)
CH=2250
1933
120
270
150
倉庫
壁：ラワン合板 t=4
PB t=12.5
ウレタン吹付 t=30
CH=1950
100
250
100, 50
1400

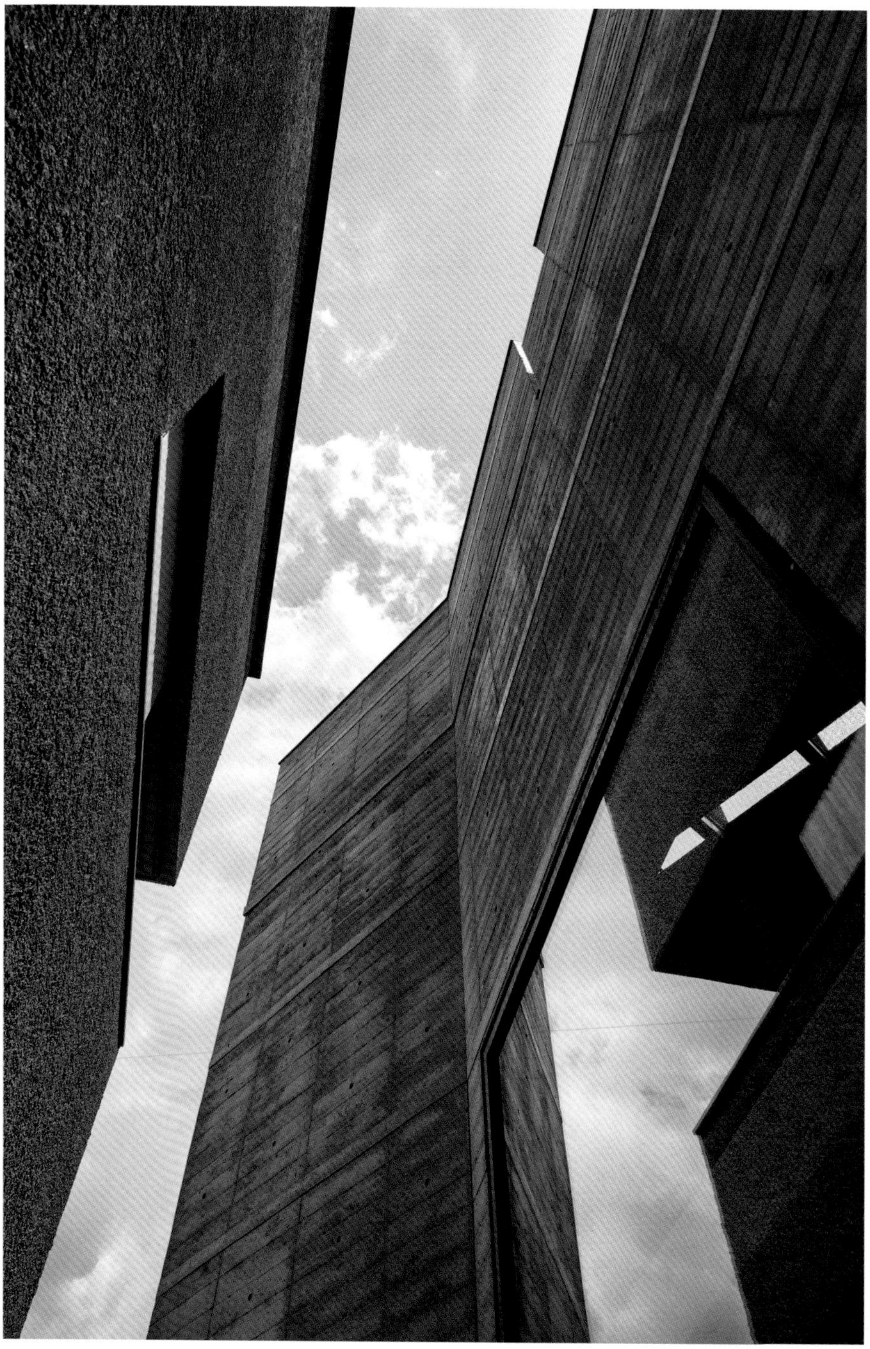

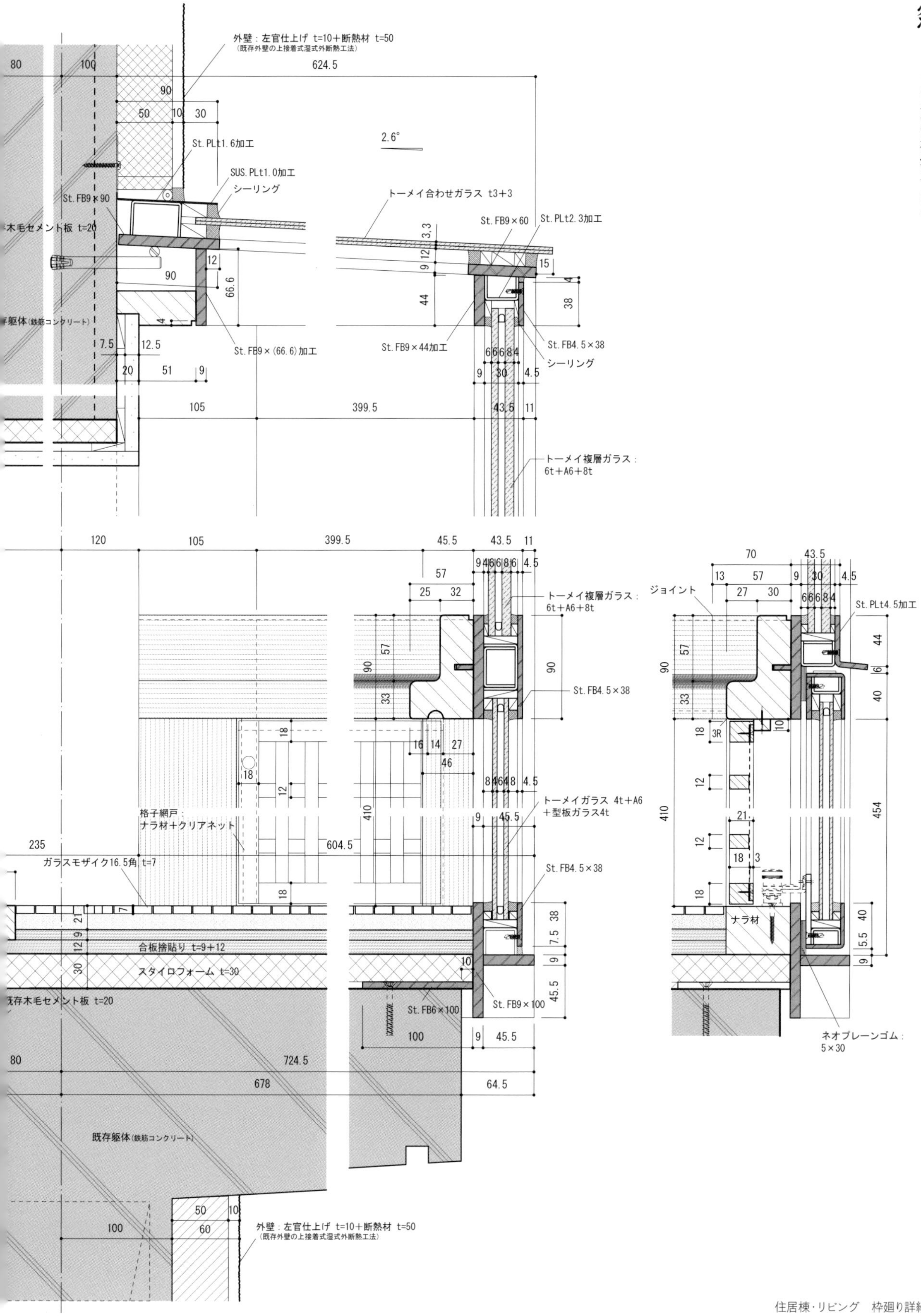
外壁：左官仕上げ t=10＋断熱材 t=50
（既存外壁の上接着式湿式外断熱工法）
624.5
St.PLt1.6加工
2.6°
SUS.PLt1.0加工
シーリング
St.FB9×90
トーメイ合わせガラス t3+3
St.FB9×60
St.PLt2.3加工
木毛セメント板 t=20
躯体（鉄筋コンクリート）
St.FB9×（66.6）加工
St.FB9×44加工
St.FB4.5×38
シーリング
トーメイ複層ガラス：
6t＋A6＋8t
トーメイ複層ガラス：
6t＋A6＋8t
ジョイント
St.PLt4.5加工
St.FB4.5×38
トーメイガラス 4t＋A6
＋型板ガラス4t
格子網戸：
ナラ材＋クリアネット
ガラスモザイク16.5角 t=7
St.FB4.5×38
ナラ材
合板捨貼り t=9+12
スタイロフォーム t=30
既存木毛セメント板 t=20
St.FB9×100
St.FB6×100
ネオプレーンゴム：
5×30
既存躯体（鉄筋コンクリート）
外壁：左官仕上げ t=10＋断熱材 t=50
（既存外壁の上接着式湿式外断熱工法）

住居棟・リビング　枠廻り詳細図

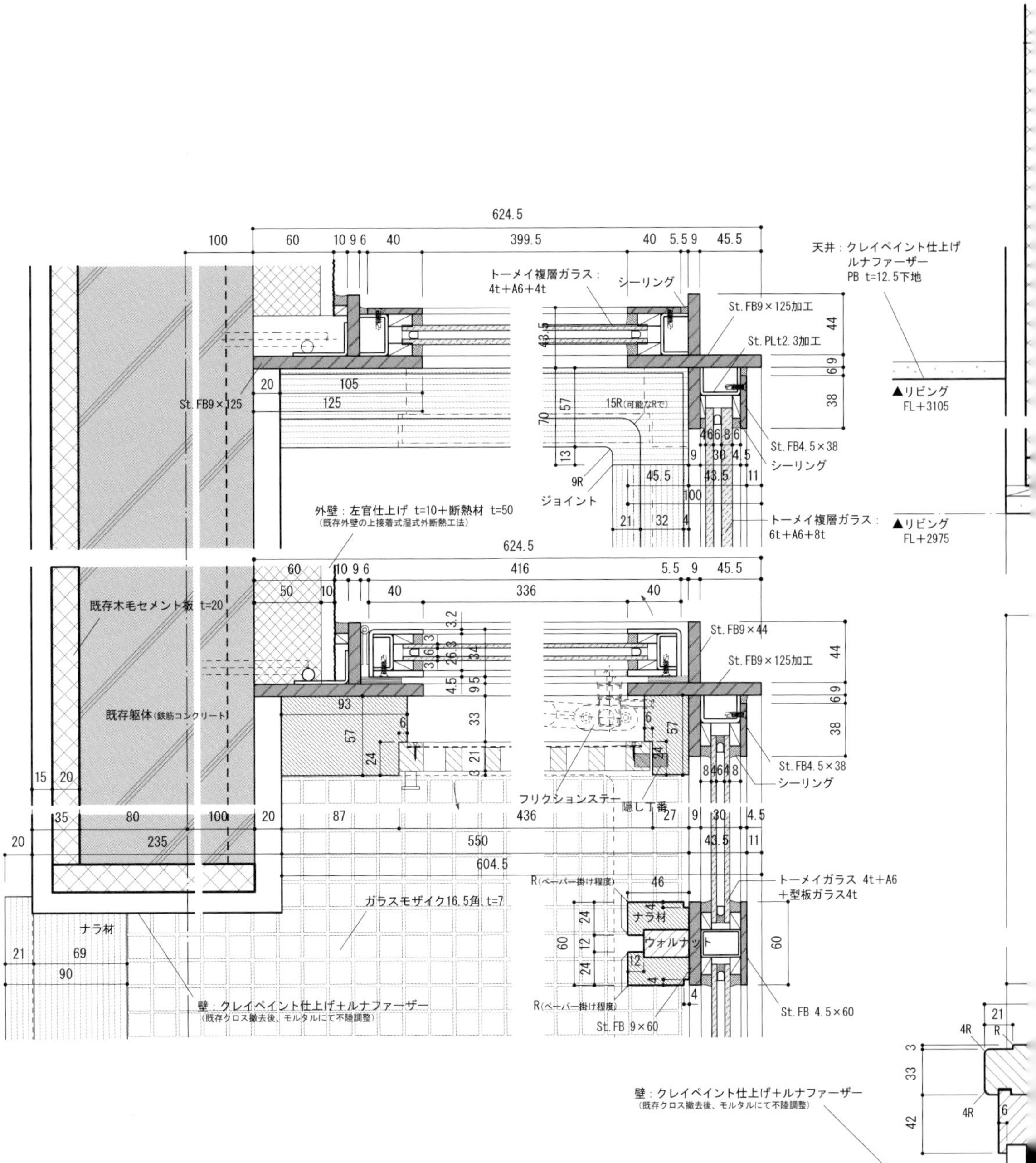

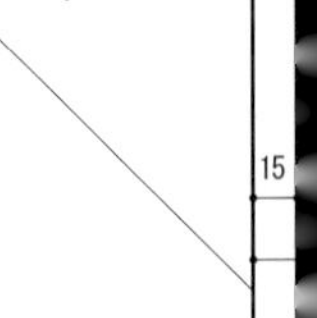

光とはその土地の根本的な要素であり、原点であると考えている。つまりその土地の気候や植生を形成する始まりであるとともに根源であるということである。私が設計する建物の多くは単なる光の効果ではなく、その場所の光によってつくられた環境を取り入れ、そして室内はその光を得てそこにふさわしい空間となることを意図している。適切な内外の交換によって人の気持ちは穏やかに、そして生き生きとしたものとなる。つまり窓の設計とは、単に自然光や換気を行うということだけではなく、人の精神に働きかける重要な役目があるのである。

この既存住宅には風景を切り取る大ぶりな出窓があった。改修にあたり一回り大きくし、特注の鋼製サッシュをデザインした。この窓辺には腰掛けられる窓台を設え、出窓の両側には木製の格子網戸を内側に、外側には開戸を設けた。窓廻りのこうした設えは窓辺に近づくと現れ、その場から離れると単なる「壁の穴」となる。窓との距離によって変化する窓である。その他のサッシュもすべて特注として建築と一体となるディテールとしている。

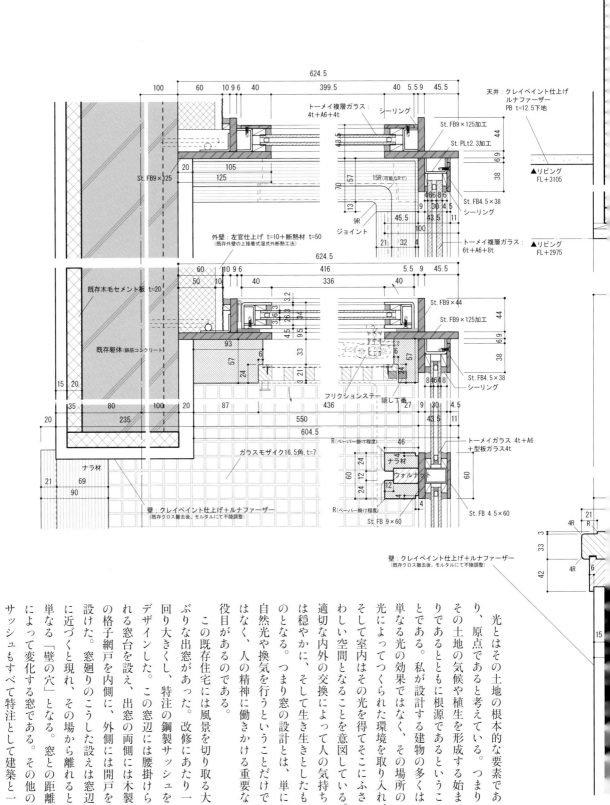

THE STREET PHOTOGRAPHER'S MANUAL
BIBLIOTHECA

Weird War One
Weird War Two

空からの光を取り込む装置としてのライトボックス

増築棟頂部の東西面にはハイサイドライトを設けた。隣地の樹木が予想外に大きく、眺望が取りにくいということはあるのだが、むしろここでは高い位置から安定的な光を導きたいという考えが大きかった。東西から差し込む太陽光は型ガラスとの紫外線除去性能をもつ合わせガラスを通して拡散光を室内に取り入れ、それがコンクリートを洗い出しされたラフな面に乱反射して柔な光を室内に満たす。その効果はＣＧを用いてダイレクトな光が入らないように入念に形態が検討された。

外壁の
コンクリート

増築棟は海辺の見晴らしがよい場所というのは、晴れた日はいいが、内陸に比べて風雨が激しく横なぐりのことも多い。ここではその可能性が大きいと考えRC造とした。外壁は杉板型枠とした。木材の糖分が作用して硬化不良を起こさないように石灰で洗い、一定間隔に帯状のボーダーを配置した。頂部のライトボックスは壁面を超高圧洗浄を施し、その他の部分と区別した。

向洋_{むかい}の家_{うた}

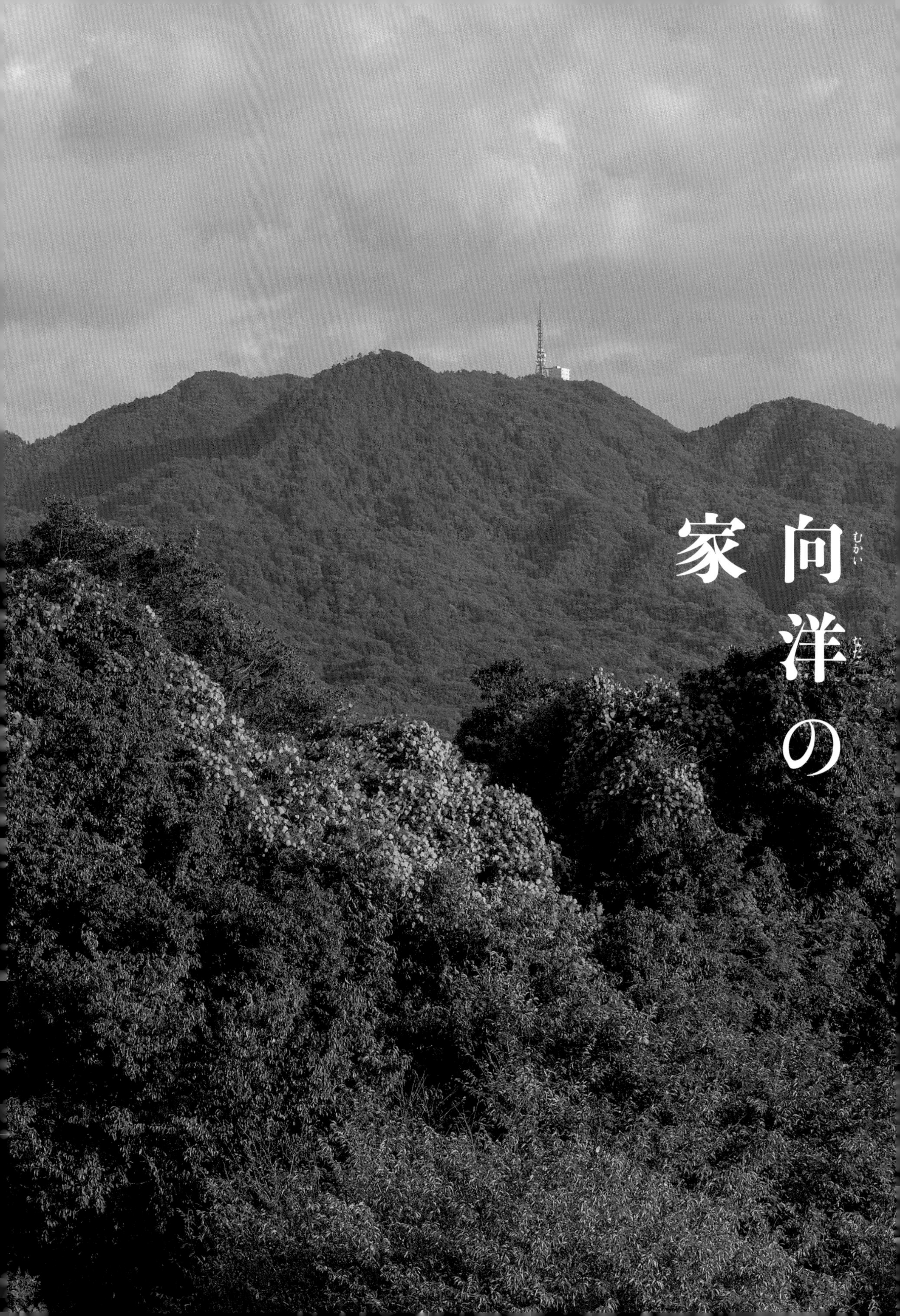

藤本寿徳

Kazunori Fujimoto
Architect & Associates

崖の斜面をそのまま延長させるように傾けた外壁。窓は厚い壁を穿ってつくられた。奥行きの深い開口部は景色を部屋奥まで引き込む窓となり、庇としても機能する

時を超えて
場所と呼応する
シンプルな建築

敷地は広島湾の東部の海を望む高台にある。40年前の私の子ども時代には、この住宅の現在の敷地境界線は海岸線だった。この場所は高低差20ｍの小さな岬が海に突き出す地勢で、その足元は直接海に面していた。時代とともに、こちら側の高台の山は切り拓かれ新興住宅地へと姿を変えた。かつての海岸線は埋め立てられ都市インフラ施設が整えられていった。

敷地は住宅地の端部に位置し、面積は広いがその大半を急斜面の崖地が占め、平地は猫の額ほどの広さである。幸いにして標準的な建ち方の住宅にとっては歓迎されない土地形状ゆえに手が付けられずに昔の地形を維持したまま売りに出された場所で、風景と直接対峙できる可能性を残した場所であった。

この場所に初めて立ち土地の歴史を知ったとき、この場所で長い時間営まれ続けてきた自然の移ろいの美しい一瞬、一瞬に思いを馳せた。普段の生活の中でも、心を落ち着けゆっくりと目を閉じ周りの気配に心を澄ますと、すぐにこの場所の本質に触れられ、昔から変わらず続く瀬戸内の風土の豊かさに心を通わすことができる、そういう暮らしの場をつくることこそが、この場所に対する謙虚な建築の作法だと考えた。この場所の魅力を引き出すための最小限の建築要素の構成による建築の原形質、建築の形と空間を探求した。他の芸術領域にはない建築固有の豊かさや感動とはそのようなものだと考えている。

「向洋の家」は、最下部が1・3ｍの厚みのある傾斜のついた分厚い壁で

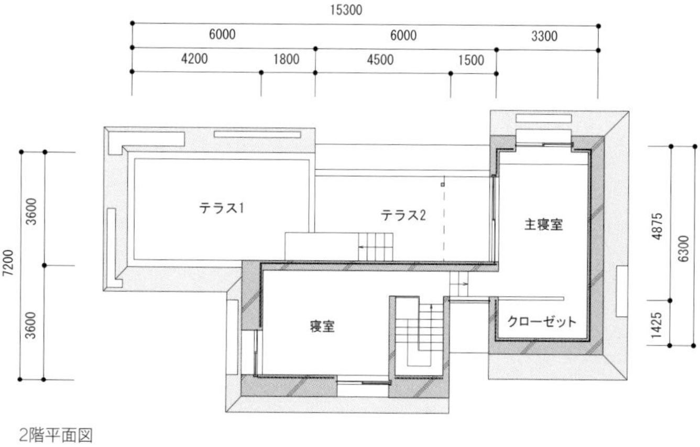

2階平面図

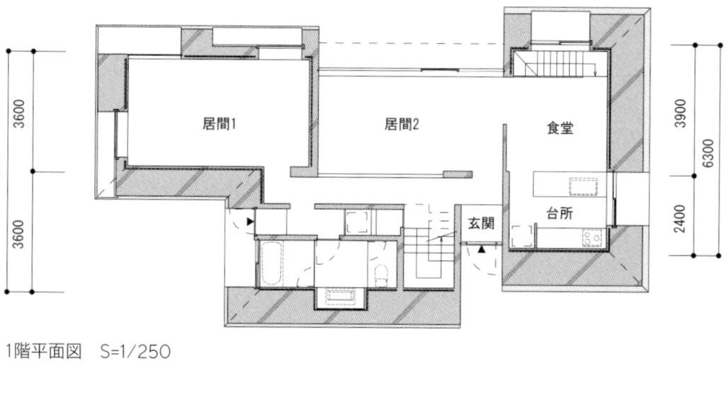

1階平面図　S=1/250

上｜1980年の敷地状況（直線の交点が敷地）
下｜2020年の敷地状況
敷地は住宅地へと開発された山の端部に位置する。かつては海に面した岬だった

囲われた三つのコンクリートの量塊から構成される。この家は二つの居間をもっている。

居間1は内省的空間をもつ特別な部屋である、分厚い壁で囲まれた安心感があるこの部屋では、壁をくり抜いた窓から自然を部屋の奥底まで取り込むことができる。心で自然と交感する特別な場所を日常生活に挿入した。三つの量塊に囲まれた居間2は、台所・食堂を配した一般的な生活空間でこの家の中心である。部屋の一辺を厚みのない透明な壁と考えここに大きなガラス窓を設けた。

この部屋は空間が開放的になりすぎることを避けるためコンクリート打放しの船底天井とし、無意識的に頭上の量塊を知覚することで安心感が得られるようになっている。2階の部屋は直接外部テラスとつながっている。大きな庇を設け部屋の室内外をゆるやかに連続させることで、より直接的に風景とつながるようにして1階の部屋の空間性との違いをもたせている。

またレベル差のある二つの量塊の屋上テラスは開かれた方角の違いによって、それぞれの開放度に微妙な差異を設け、使用形態で使い分けができるようにしている。

厚みのあるコンクリート壁であるが、形と構造形式に合理性をもたせるため無筋コンクリート造としている。無筋コンクリート造は土木の世界では重力式擁壁や重力式ダムに見られるように一般的工法である。この建物で採用した中断熱工法は長年研究を続けてようやく実現できるようになった断熱工法である。外断熱でも内断熱でもなくコンクリート壁の内部に断熱材を打ち込み、内壁、外壁をともにコンクリート打放し仕上げにすることができる工法である。

砦の形態をメタファーとし、その形や構造形式から遺跡や土木構築物の佇まいに似せた建築としたのは、自然と人工構築物が時間の経過とともに奏でるハーモニーを建築に呼び込むことで建築の潜在力を引き出し、その可能性を拡張できると考えたためである。

すべては、その場所性にふさわしい建築の原形質を導き、それをシンプルな建築構成で集中表現したいという欲求の現れでもある。真の豊かな建築とは、その場所から導き出されたシンプルな建築であると考えている。

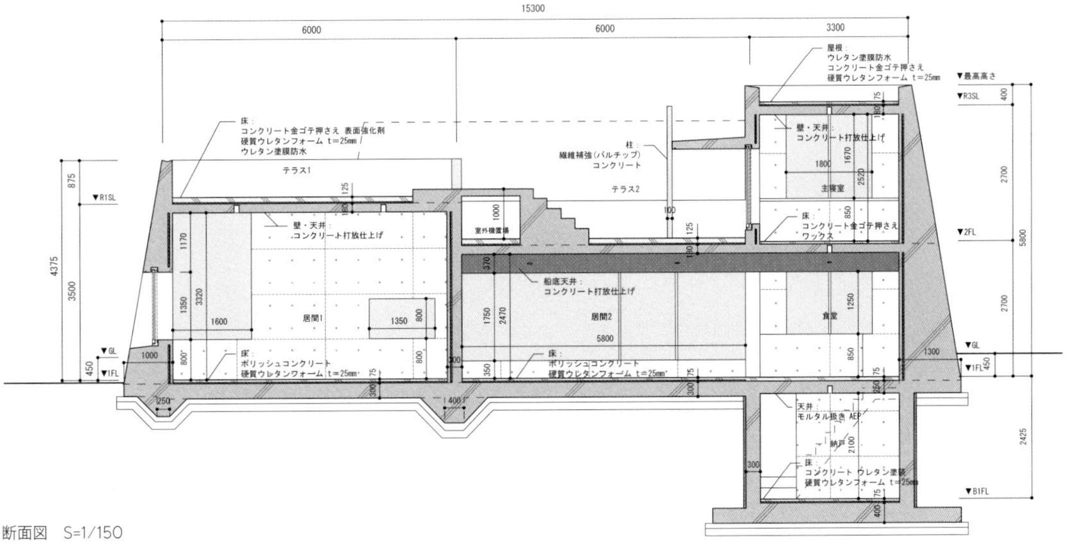

断面図 S=1/150

生活のシーンに合わせて使い分けができるように、空間性の異なる二つの居間が用意された。内省的な空間となるよう意図された居間1を見る。引き残しのない窓を開けると部屋全体が厚い壁に囲まれた半屋外空間のように感じることができる

階段を上がって主寝室へとつながる廊下。
主寝室に入って初めて外の景色が見える。
さまざまなシークエンスを生むために明暗の
コントラストをつけて部屋をつなげている

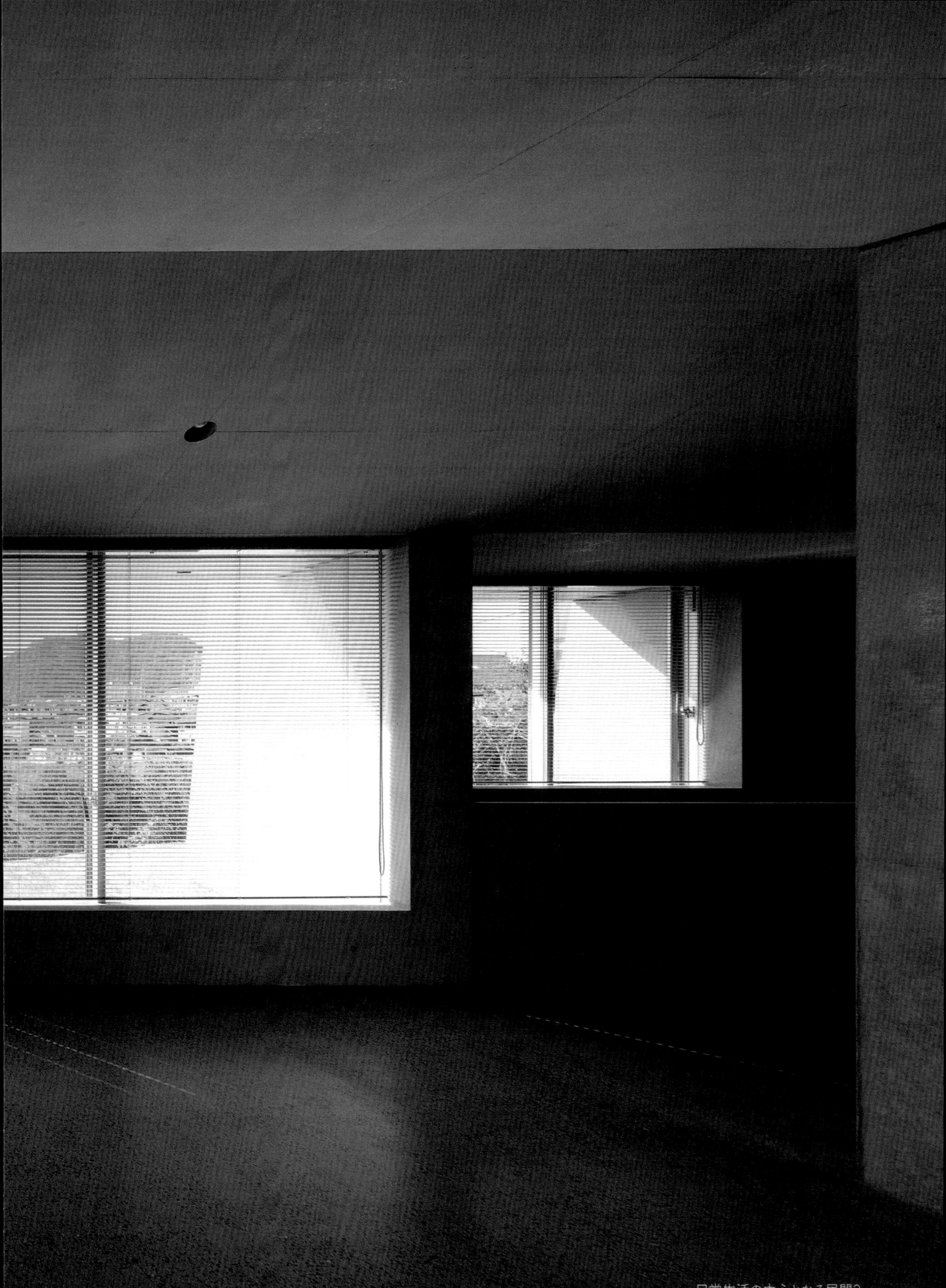

日常生活の中心となる居間2

生活の中心である居間2を見る。コンクリート打放しの船底天井は厚みのあるスラブでつくられている。大きな開口部とバランスを取りながら天井の厚みで開放度を調整している。床はコンクリートの研ぎ出し仕上げ

2階主寝室から西側の海を眺める。深い庇を張り出し外部テラスと連続させ、室内空間を外部まで延長したようなテラスとなっている。左奥にはレベル差850mmのより開放度の高いテラスがある

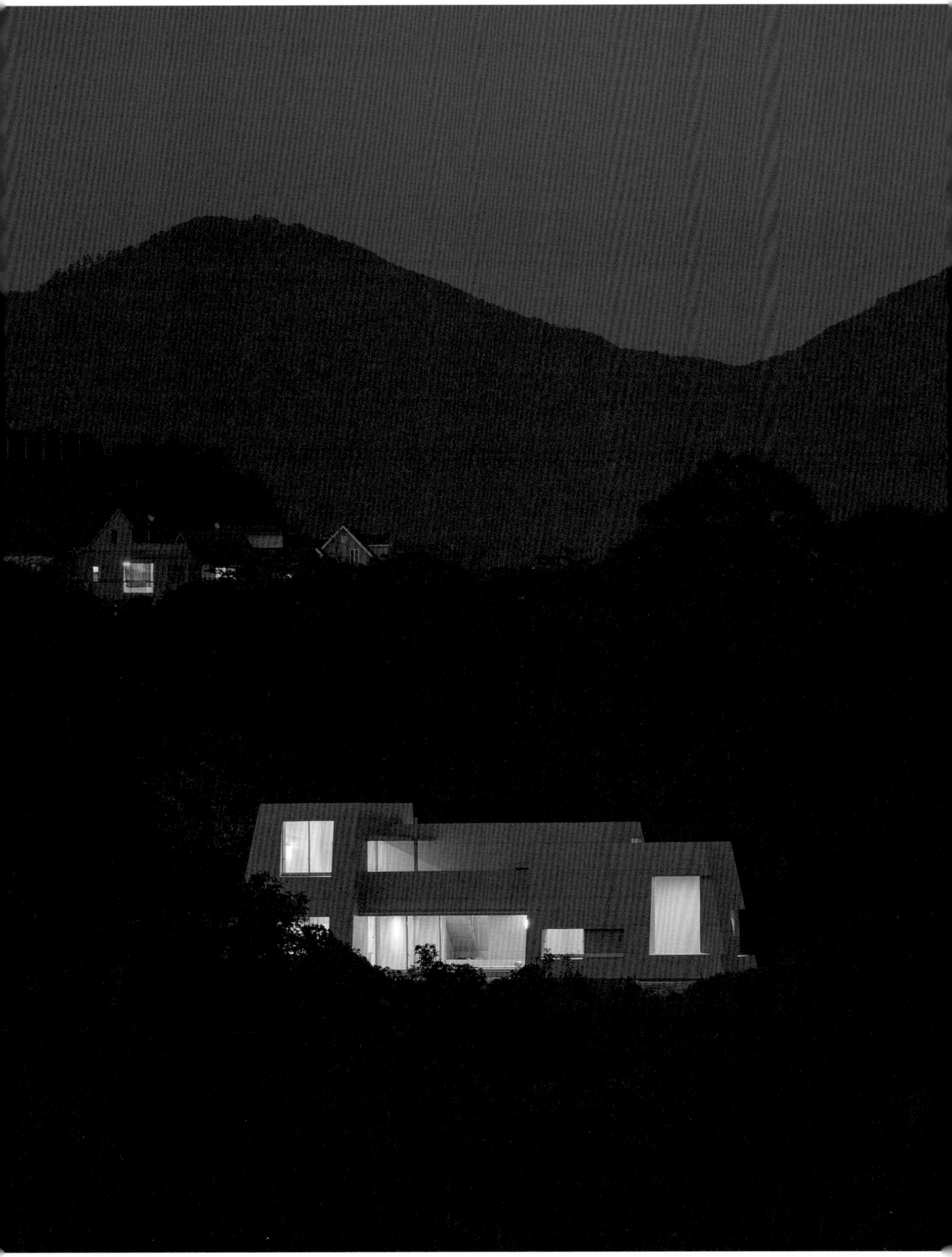

彫刻的な美しさを纏ったらせん階段

藤本寿徳

らせん階段の中央には支柱や吹抜けが存在する。この中央の円が存在する理由はなんだろうか。構造上、製作上必要なのであろう。であれば、この円の直径はどこまで小さくできるのであろうか、直径が0に近づくにつれて点に収束し、階段の中央は直線となり幾何学形態はより純粋化できる。そんな階段はつくれないのだろうか。

このらせん階段の最大の特徴は、その階段の中央が直線であることだ。構造の如何にかかわらず、歴史上初のことだと思う。さらに、階段外周（ささら）を見ても階段の厚みが見えない形態としている。コンクリートの重量感を完全に喪失した軽やかなコンクリート構造形式である。

コンクリートはモノリスティックな構造である。型枠の中に流し込み、それが固まるとそのまま形となって現れるという誰もが知っているその単純性ゆえに、逆にその結果が人々の理解を超えたときには神秘性を帯びるようになる。この階段の神秘性はその構造と型枠の製作方法が容易に推測できない点にあるのであろう。しかし、答えは単純である。

板こんにゃくを垂直に立て、それをねじった姿を想像してほしい。直立した壁をねじっても自荷重を支える硬さをもった壁であれば簡単に自立することができる。このらせん階段は水平な床版をらせん状に回転して上昇させたものではなく、自立した垂直壁をらせん状にねじるという発想の転換が元になっている。

専門的な用語を使って説明すると、らせん形状のためにスラブには曲げモーメントが生じない。ねじれとたわみには圧縮強度を上げることで耐力を確保している。使用したのは圧縮強度50N／㎟の無筋コンクリートである。コンクリートに鉄筋が入っていないといけないという常識から逃れることで無筋コンクリートの可能性に気づく。コンクリートの中性化による鉄筋の腐食、それを防ぐためのかぶり厚の概念からも自由になり、スラブ厚を極限まで追い込むことができる。

型枠はどうやってつくればいいのであろうか。三次元曲面をベニヤでつくるのは難しい。であれば違うものでつくればいい。発泡スチロールを三次元CADデータと連動したルーターで削り、塊かららせん階段の形状を抜き出した型枠を製作した。

純粋ならせん幾何学を追求して到達した結果、階段という本来の機能を超えて彫刻的な美しさを纏った階段ができあがった。

花立町の家

熊澤安子

Yasuko Kumazawa
Architect Office

上｜道路から外観を見る。右手の既存塀とその後ろの樫の木が以前の様子を伝える。中央の入り口がアプローチの庭へと続く
左頁｜門棟をくぐり抜けた先に現れるアプローチの庭。低い土庇が訪れる人を招き入れる

町と人の記憶の継承

京都御所の西、中立売御門から続く中立売通付近は、京都でよく見られるうなぎの寝床と呼ばれる間口の狭い区割りではなく、数百から千坪ほどに大きく区画されており、かつて建ち並んでいたであろう屋敷の多くはビルやマンションに建て替わっていて、急速に京都の町並みが失われつつある地域です。

敷地は曽祖父が明治時代に購入した四百坪の土地の一部を、ひ孫である建主が受け継いだものです。計画をはじめた頃は、かつておじいさんが暮らしていた母屋のほかに、昭和期に増築された数寄屋造りの離れが庭を囲むようにして建っており、その離れに建主家族は暮らしていました。初めて敷地を訪れたときに、起伏のある芝の敷かれた広大な庭を子どもたちが駆け回る様子を見て、ここが京都の中心地であることを忘れてしまうような、ゆっくりとした時間の流れを感じたのを覚えています。

敷地の面する室町通も古い町家や板塀が取り壊されて、京都の町並みの風情を失いつつあるなか、元の屋敷は京都らしい板塀と数寄屋門を構えており、訪問時にここを見つけたときにはホッとすると同時に、失われた町並みに対する残念な思いが込みあげました。

屋根の素材や建物の形に対する厳しいデザイン基準が定められた歴史遺産型美観地区に指定されていることにも後押しされ、伝統的な形態や技術、素材、寸法を用いた京都の風情を感じさせるものに、そして古い板塀を極力残すことで、町の記憶を継承できるものにしたいと強く思いました。また、新たにつくる住宅は、建物が庭を取り囲む配置を取ることで、以前にあった家と風景の記憶、家族との時間の記憶を継承したいと考えました。

一方、住宅の内部に関しては、家具により居場所の在り方が示されるような現代の暮らしに合ったプランとすること、またいくつかの居場所を点在させることで、さまざまな日常を受け止められる器として機能することを考えました。そして、断熱性能を高めた上で全館空調を用いることで、点在するどの居場所においても快適な温熱環境が得られるようにするなど、建主のこ

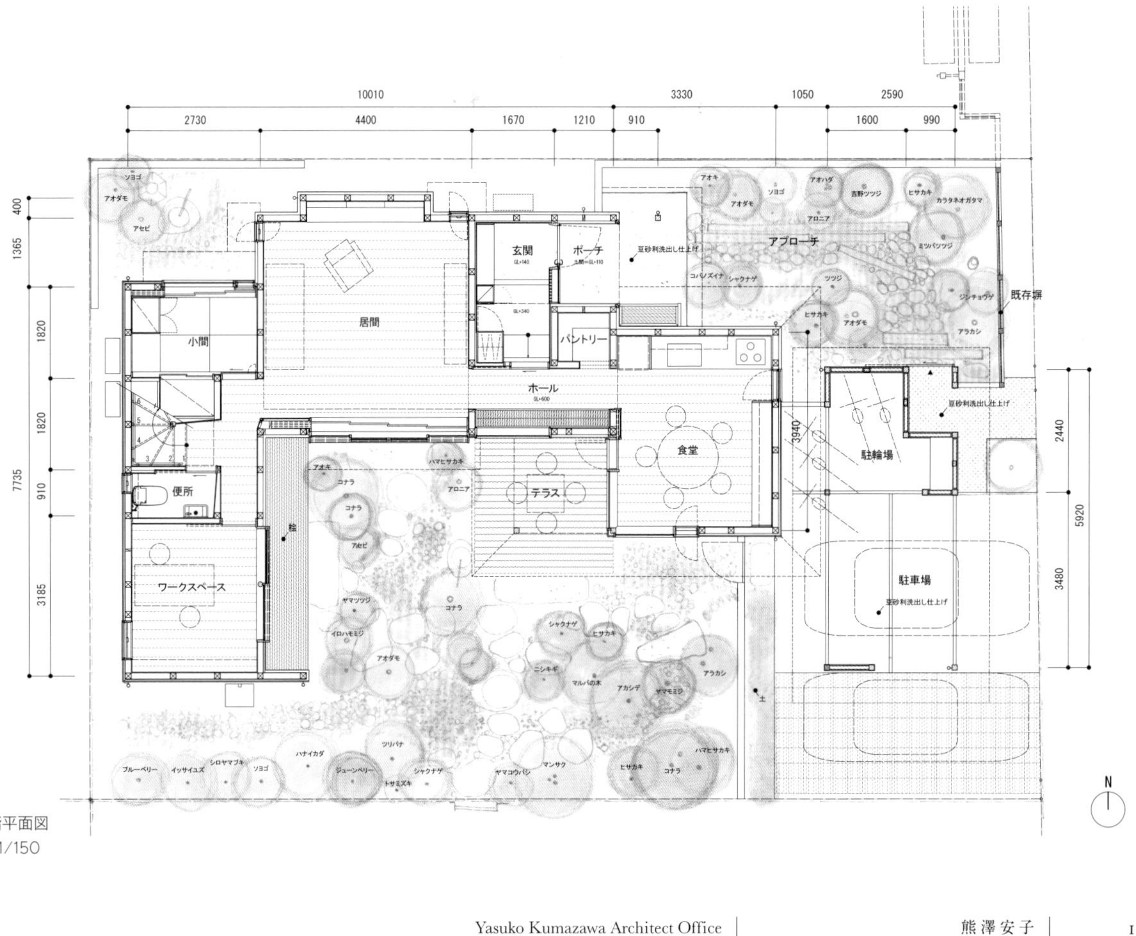

1階平面図
S=1/150

れからの暮らしを支えるものとすることをめざしました。

ワークスペースから庭を望めば、屋根の架かった半戸外のテラスと食堂といったほかの居場所が庭を介して重なって見え、空間や暮らしの奥行きが感じられます。

建物が完成し、残した古い板塀と新たに建築した門棟とが違和感なく溶け合う様子に、町と人の記憶を継承するという役割を果たせたのではないかと安堵しました。

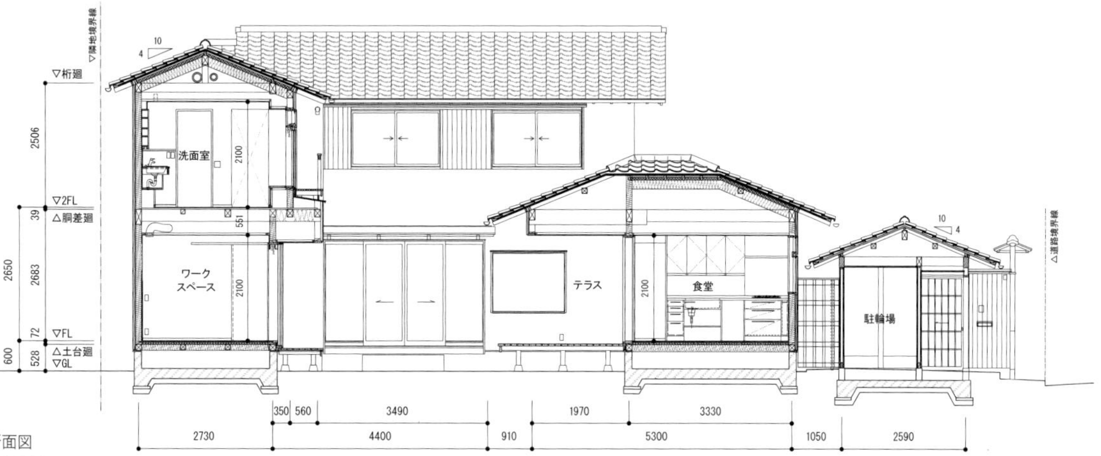

断面図
S=1/150

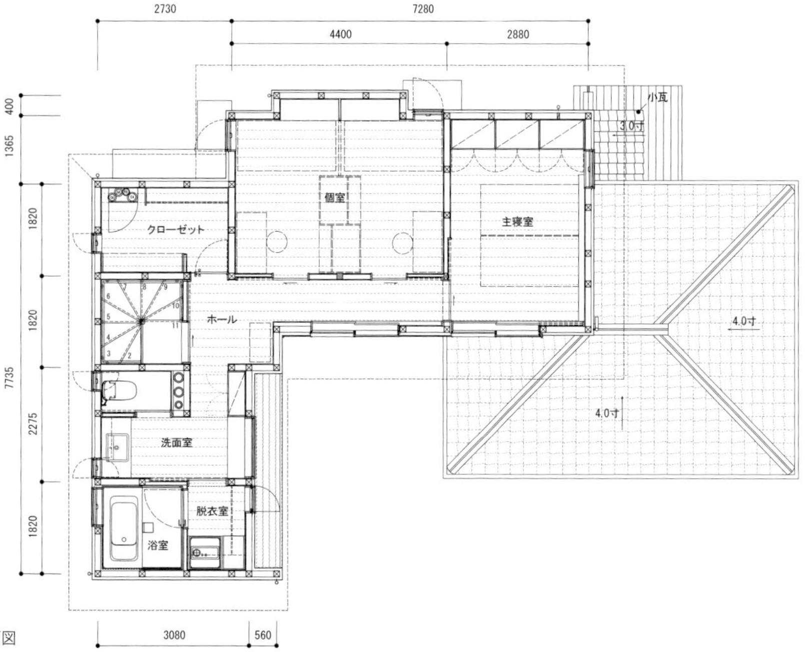

2階平面図

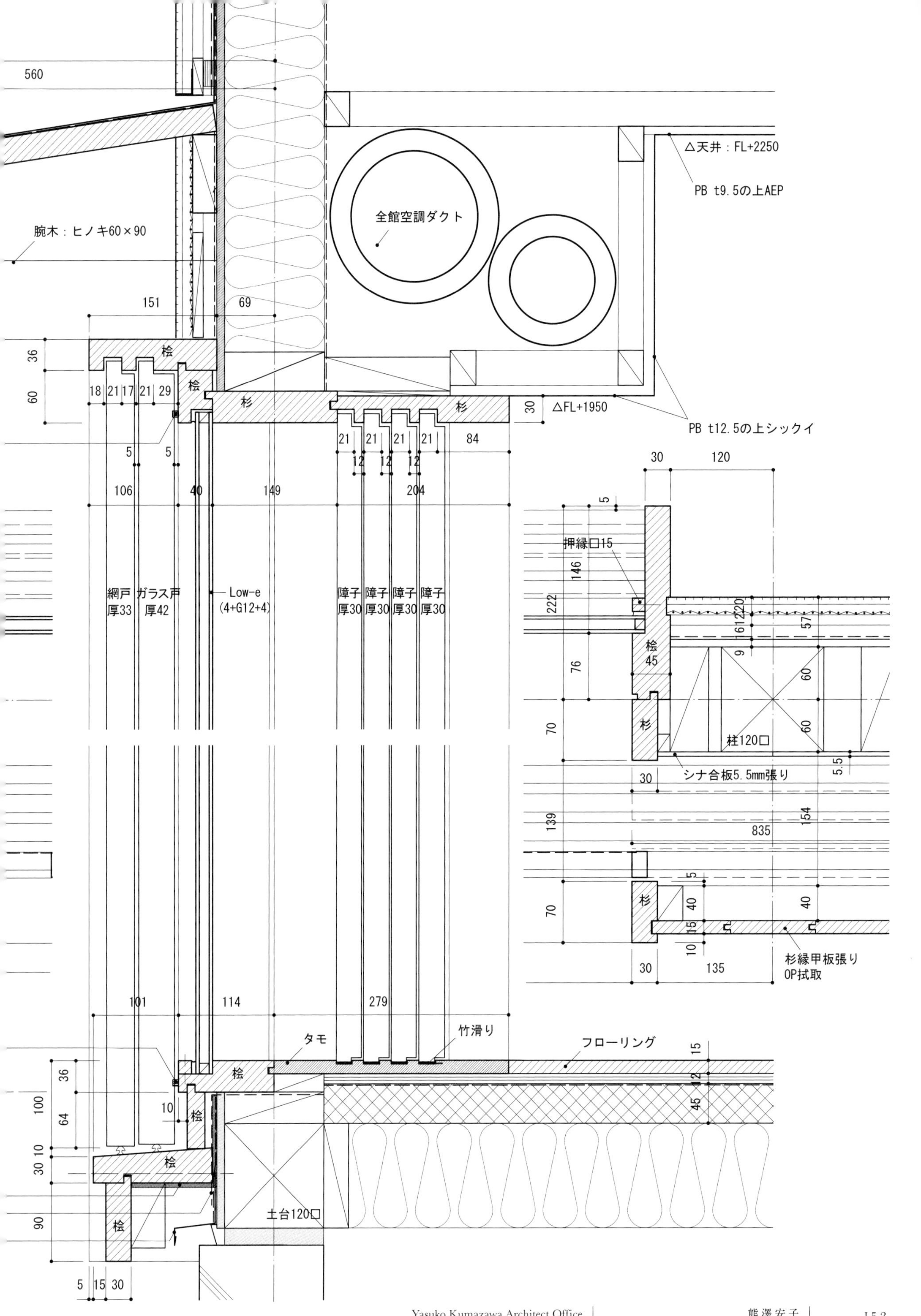
△天井：FL+2250
PB t9.5の上AEP
全館空調ダクト
腕木：ヒノキ60×90
桧
杉
△FL+1950
PB t12.5の上シックイ
網戸
厚33
ガラス戸
厚42
Low-e
(4+G12+4)
障子
厚30
押縁□15
柱120□
シナ合板5.5mm張り
杉縁甲板張り
OP拭取
タモ
竹滑り
フローリング
土台120□

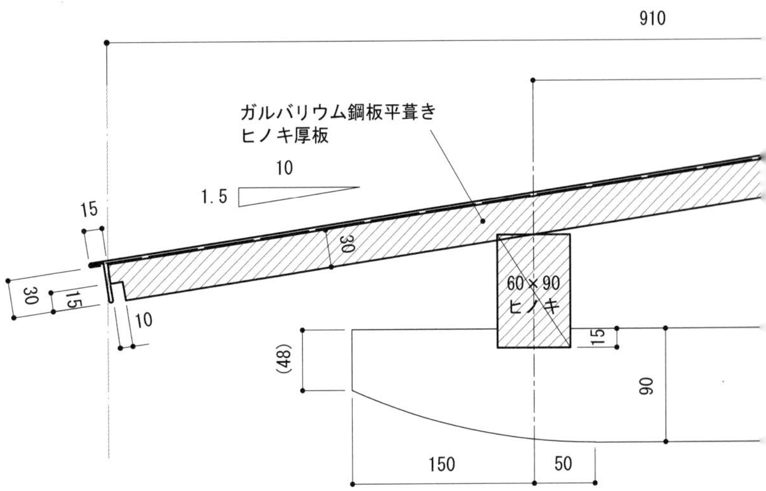

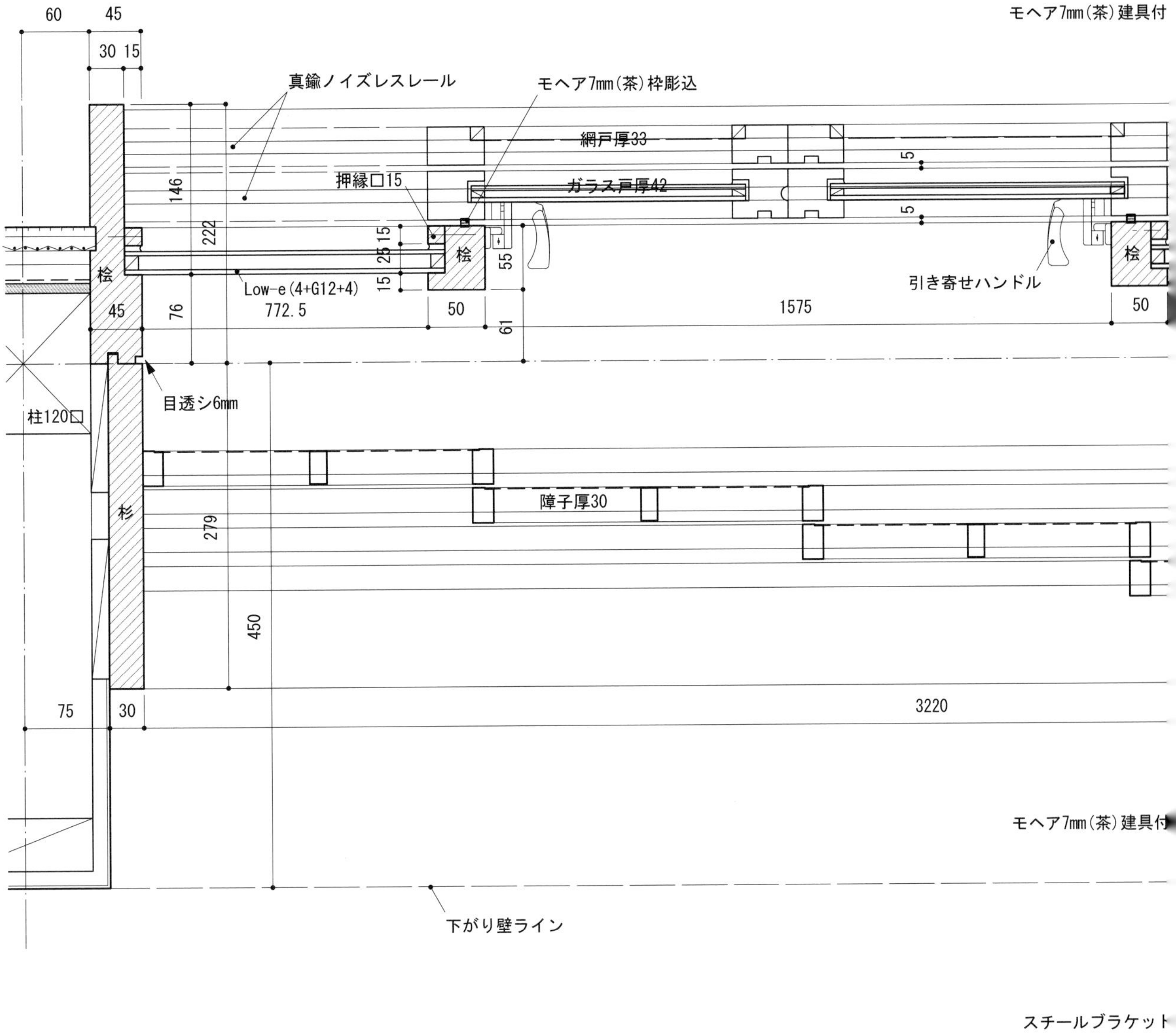

広間開口部詳細図　S=1/6

上｜ナラ面材を用いた温かみのある家具造りのキッチンをダイニングテーブル囲いに設置して、親密な空気感をつくり出している
左頁｜食堂のコーナー窓。高さ450の腰壁のある開口とすることで、庭を望みつつ守られた居心地をつくっている

広間の開口から庭を見る。右手の
戸袋には障子が納まり、必要に応じ
て引き出すことができる

広間の内観。廊下の奥にダイニングキッチンが見える。開口上部のふかし壁には空調ダクトが納まる

ワークスペースから庭を見る。庭を取り囲む建物配置が、以前の面影を感じさせる。板塀の向こうには駐車場の屋根が見える

右頁｜2階廊下より寝室を見る
左上｜2階子ども室の内観。将来に備えて分割できる構成としている

京都での仕事を通して思うこと

熊澤安子

京都駅から地下鉄で一駅北に上がった五条の地に、数年ほど前に改修を手がけ、現在は関西方面の仕事の拠点として活用している京町家があります。「京都分室」と名づけたこの町家は昔ながらの佇まいが残るトンネル路地内にあり、ツシ2階と呼ばれる天井の低い小屋裏を有した、間口2・5間×奥行き3間、床面積20坪ほどの小さな建物です。

いうまでもなく京都には独特の風土と文化があり、いまでも町中に長い歴史とのつながりが息づいています。改修した町家も過去のものではなく、今日まで絶えず人の暮らしの器として機能し続けてきた住宅で、改修ではこの町家が経てきた100年の時間を途切れさせないよう、京町家の寸法と伝統素材を用いて伝統的造りに倣った改修を試みました。

柱と梁の骨格を極力変えずにオリジナルの屋根の架構を生かしながら、断熱改修と耐力補強を含めた全面改修を行いましたが、風土と文化、技術の継承と向き合う貴重な機会となりました。

プランにおいては、間口2・5間のうちの玄関が位置する1間に水廻りと階段といった機能をまとめて配置することで、残りの1・5間の空間にくつろぎのための居場所をまとまったボリュームでつくることができたことなど、この町家がもともと有する寸法や構成といった素質に助けられて、必要な空間要素が自然と収まり、人体寸法に合ったスケールの空間に仕上げることができたと思います。

また、増築されていたユニットバスを取り払って庭を復活させ、座敷との間に庭をたのしむ庭座をつくったことで、20坪という限られた面積の中にもさまざまな光や景色のある居場所が生まれました。

この改修を通して、伝統と現代の暮らしとを対比させるのではなく、一つのものとして感じられる自然な建築の在りようを提示できたのではないかと思います。また、伝統は特殊ではなく、誰にとっても親しみのある物事の礎であり、その上に立つことで、より深くて温かな、そして美しい建築の実現をめざせるのではないかと思います。

左頁｜京都分室の2階内観。天井はオリジナルの野地と垂木の現し。ダイナミックな架構の下に家具で居場所づくりをしている

京都分室の1階。庭座の先の坪庭に光が差し込む。外部に伸びる化粧垂木は二重垂木とすることで、部材を細く軽やかに見せている

後藤昭夫
藝術館

杉下均
＋
出口佳子

Hitoshi Sugishita
Architects & Associates

藝術館の空間体験は長く低い軒のつくり
出す影の下を入口に向かって歩むことか
らはじまる

暗く、しずかな

心に留まる絵がある。画面半分に拡がる何もない空と、鉤《かぎ》の手に配された小屋と住まい。その下の地面は、ただ建物がつくる朧な影を映す。緯度の高い国の、短い夏の日を想わせるその場所は、現実にあるのか、心象風景なのか。行ったこともなければ見たこともないのに、記憶を共有しているかのようにそこを知っている気持ちになる。そんな建築をつくりたいと思っている。

後藤昭夫藝術館は、前衛美術家集団VAVA※創立メンバーの一人で関市長でもあった後藤昭夫氏の作家活動とVAVAの軌跡を中心に企画展示する場としてご家族により設立された。建物全体は藝術館と、算盤教室、住宅で構成されている。

はじめに闇の間をつくり、そこに灯火を足すように光を入れることを考えた。

中心に西から東に奥行きのある闇の間を据え、まず西北の天上から光を入れ壁に纏わせた。次に東に延びる軸線の先端に開口を穿ち、遠く正面に直遮光を入れた。バシリカ式聖堂の身廊のように天井に連ねた水平梁の底面を東の強い光が照らして連続感を際立たせ、奥へといざなわせる。

歩を進めた先、二本の柱が逆光を受けて立つ空間は、ほの暗い室内の中でひと際光に満ち、藝術館の中心にアプスのように存在する象徴的な場となっている。

全体はごくありふれた材料でできている。ふと目にした農業倉庫や廃墟となった工場、遺跡の土塁や集落の佇まい

初期イメージの一部。はじめは夢想のようにイメージを膨らませ、そこからエッセンスを抽出し、徐々に実現に向けていく。この場合、両方とも長い敷地に沿ったプランで、開口を規則的に配置して連続性を出している。上はバシリカのように水平梁が並ぶ構造で、搭状に高い部分からハイサイドライトを入れるイメージ、下は三内丸山遺跡の大型竪穴住居のイメージから発生した気積の大きな内部空間を抱え、そこに登梁と棟持ち柱が並び、外に面する部分に側廊を配している。そしてどちらも展示部は地面のままにしている

の単純な素材使いやおおらかな姿などに素直な美しさを感じることはないだろうか。特別な材料でなくとも素材感を生かし、量感や取り合わせに配慮することで質朴な雰囲気を纏うよう心を配った。

鋼板屋根の瓦棒葺きは桟木を大きくし、太い線を立体的に際立たせて軽さを抑えた表現とした。軒を低くし、簡素なモルタルの外壁と添うことで居丈高《いたけだか》になることなく風景に加わっている。

内部の梁や板材は繊細な表情にならぬよう挽いたままの粗面とした。土間の長櫃《ながびつ》や書見台《しょけんだい》などの造作には杉を厚く挽いたままの板を用いて、荒々しい砂利や大きな空間に調和させている。

壁面は大きく取り、塗厚のあるプラスターで仕上げた。量感をもつ左官の壁の深い表情を感じられるように添えた拡散光は、スフマートのように輪郭をもたないまま壁にやわらかなグラデーションを描く。内省的な空間の質を妨げぬよう設備を極力抑えた空間にあっては技巧的なディテールも雑音になるため、抑えた表現になるように納めた。

現在では、この場を生かして新たな試みに挑戦し、それを心からたのしむ建主の人柄が芸術を好む人たちを引き寄せる好循環が生まれている。そんな空気を身近に感じながら子どもたちが算盤に向かうユニークな地域の芸術発信地に育ってきている。ここで過ごす日々の記憶が子どもたちの中に豊かに重なっていくことを願っている。

※ 前衛美術家集団VAVAは、1959年、西尾一三を中心として、石原ミチオ、後藤昭夫、小本章ら岐阜県関市の芸術家10名が集まり、地方から芸術活動を発信しようと結成された。1964年ブラジル国立美術館でのグループ展や、1965年長良川アンデパンダン開催など1960年代の活躍は目覚ましいものであった。

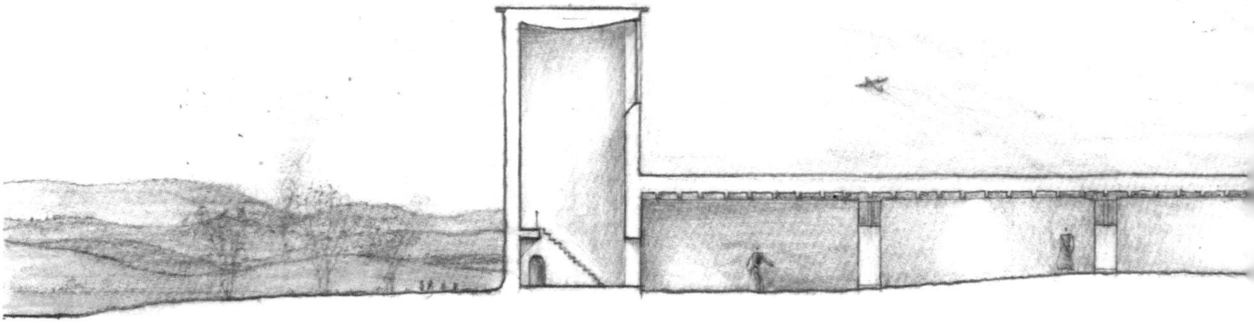

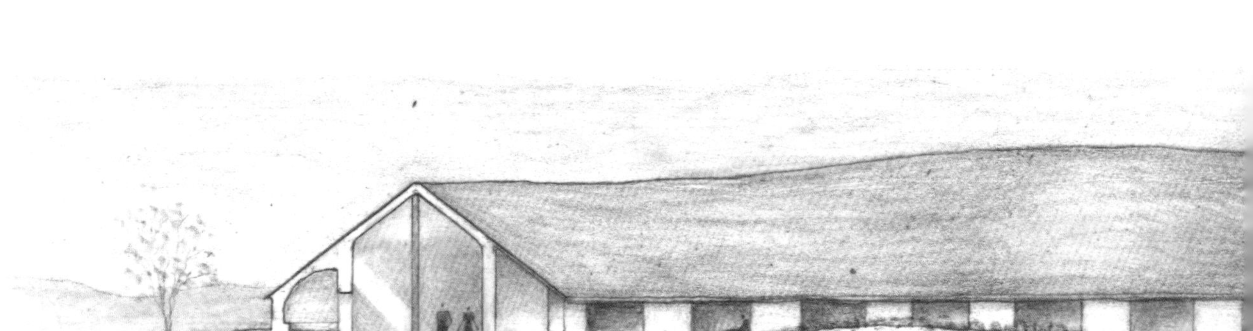

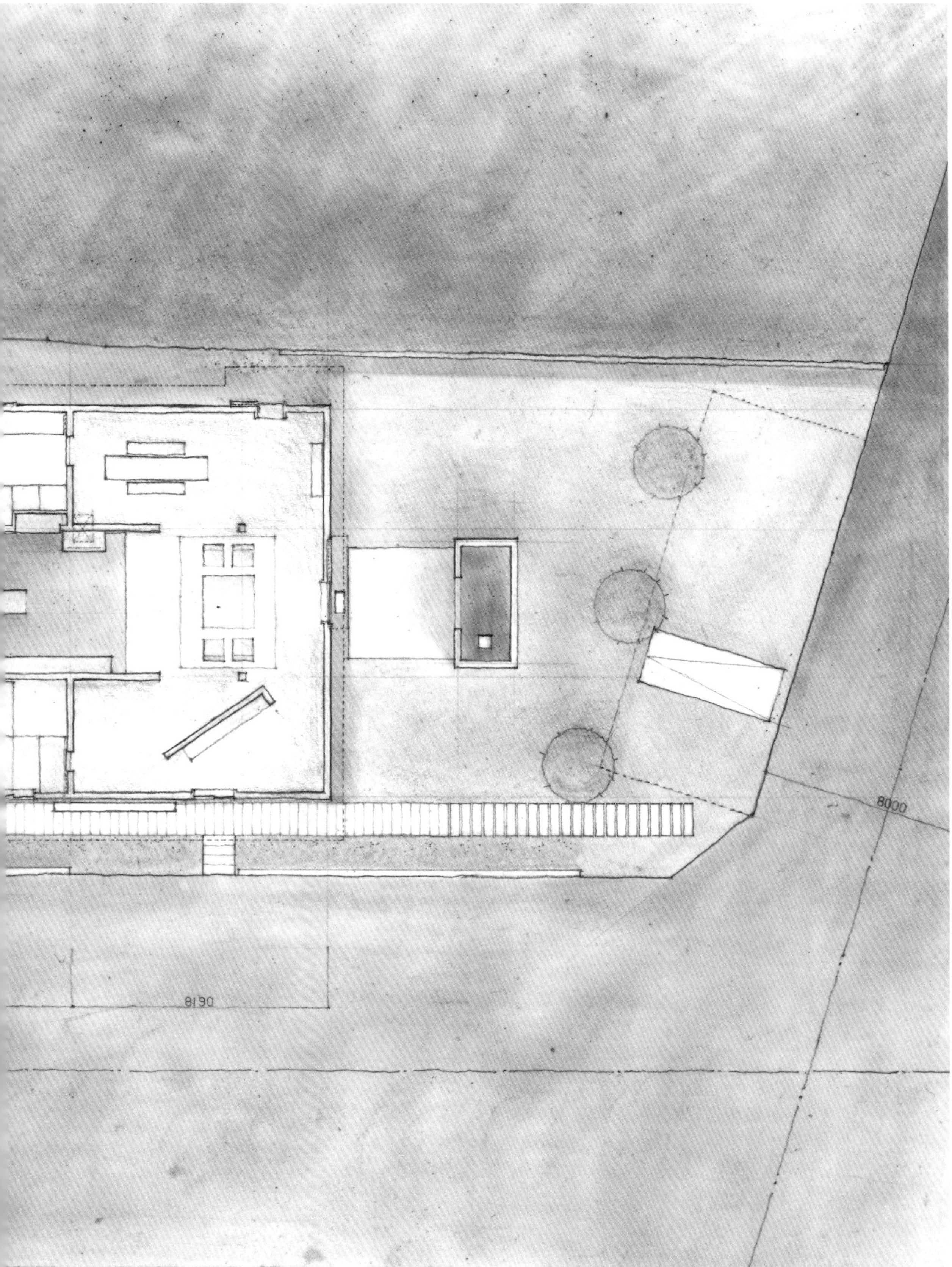
8000
8190

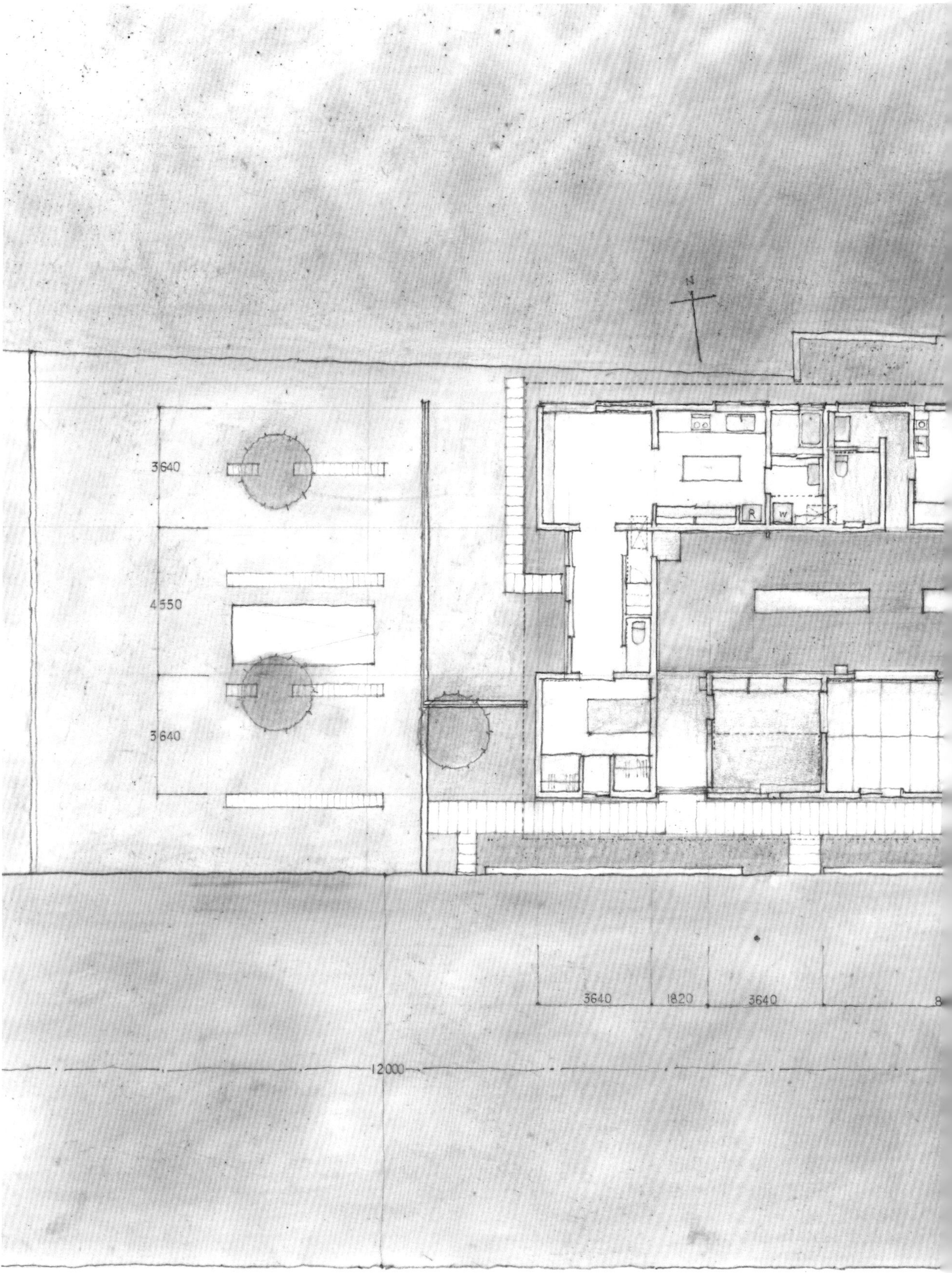

平面図ドローイング

上｜入口を潜るとほの暗い前室に入る。前室の天井は暗色に塗られて低く沈み、入口に掛けられた暗幕の下から入った光だけが床のコンクリートに鈍く反射している。先に目を向けるとさらに濃い闇の間が見え、闇の奥の壁面に光が滲んでいる。足を進めると、外からは想像しがたい大きな気積の土間に入る。

左頁｜土間では全身に闇を感じる。眼が慣れぬ中では自然と五感が澄まされる。足元に敷かれた暗灰色の砂利から不均衡な感触が伝わり、歩を進めるごとに踏みしめられた石の立てる音が静寂を強調するように響く。中心に据えられた二つの長櫃と、壁に埋め込まれた銘の記されたタウ十字から、故人を記念した場であることを認識させる。どこか横穴式石室の羨道のような、彼岸と此岸の間（あわい）の場でもあるような感覚を覚える

展示空間は作品と内省的に向き合えるよう、壁に配する作品の位置を限定し、光が足りない人には手燭を用意するなど、展示の融通性を建築に負わせず、雑多なものを排除するように努めた

前衛美術家集団ＶＡＶＡ会員であった後藤昭夫は88歳の画展の開催目前に亡くなった。
遺品の絵画は、１９６０年代から１９８０年代に制作されたＦ50～Ｆ１００が２００点近く保管してあり、その多くは地元では未発表の作品であることがわかった。
後藤昭夫は、市長として関市を文化都市に変貌させるという意気込みでまちづくりに取り組んでいたこともあり、遺品の絵画を展示する藝術館を建てることで少しでも文化振興に貢献できるのではないかと考えた。

開館当初の来館者は、市長を4期16年務めたことから、ほとんどが地元の親交のあった関係者であったが、建築の空間が反響を呼び、芸術家、建築家、施工関係者など市内外や他府県の来館者が散見されるようになった。
開館4年目を迎え、これまでに12回の企画展を開催してきたが、後藤昭夫の作品やＶＡＶＡグループの作品以外にも、この建築空間に感化された作家が表現の場として活用されるまでになり、作家仲間を呼び寄せる理想的な展開になっている。来館した作家からは、この空間をうまく利用しないともったいないなど貴重なご意見もいただき、身が引き締まる思いである。
芸術家同志の出会いが生まれ、集う場となり将来がたのしみになってきた。
文化都市に変貌させるまでには至らないが少しは貢献している気になっている。
思いきって建ててよかった。

後藤昭夫藝術館　後藤黄太郎

上｜藝術館の一部は子どもたちが通う算盤教室に使われている。低い開口を介して土間とつながる
左頁｜去り際に望む土間正面の西の光は午後には強く増して観念の光を感じさせる。単純な構成の空間に移り変わる光の濃淡が悠々閑適な時を過ごす重要な役割を担っている

MMXX
PAX HUIC DOMUI

奥出雲の家
中山大介
NAKAYAMA ARCHITECT

すでに在るものに倣う

島根県の山間部、広大な農地を見渡す傾斜地にこの家は建っている。

目の前に広がる田園と折り重なる里山の風景はとても豊かで美しく、その中でも水田のそばに建つ農小屋の佇まいは自然に対する営為の素朴さやたくましさが感じられ惹かれるものがあった。また、この地域に建つ家は石州瓦の赤い瓦屋根が大半なので、当初はそれに倣いこの家も石州瓦の赤い屋根を架けることをぼんやり思い描いていた。しかし、都市部ではできないこの地らしい設計をしたいという思いや建主の素朴な生活をうかがうと瓦屋根よりもっと身軽な農小屋に使われている素材のイメージが強くなった。現代の暮らしをしっかりと踏まえながら、すでにある農小屋のような自然への接し方ができないだろうかと考えながら設計を進めた。

厳しい自然環境に対して、日差しを遮って、風雪をしのぎ、寒暑を和らげるための確実な設計を積み重ねていくことと同時に、目的に忠実なこと、簡素な素材を使うこと、謙虚であることなど農小屋のもつ特徴を意識しながら設計した。屋根形状は自然の理に適った切妻屋根とし、外壁は飾り気のない杉板張りとした。アルミサッシはアルミの素地に近い色を指定し、木製建具は着色せず無塗装だ。奇をてらう表現ではなく誰もが自然だと思える建築のあり方を模索した。高級車が似合うのが都市部での設計だとするならば、ここでは実用的な軽トラックの似合

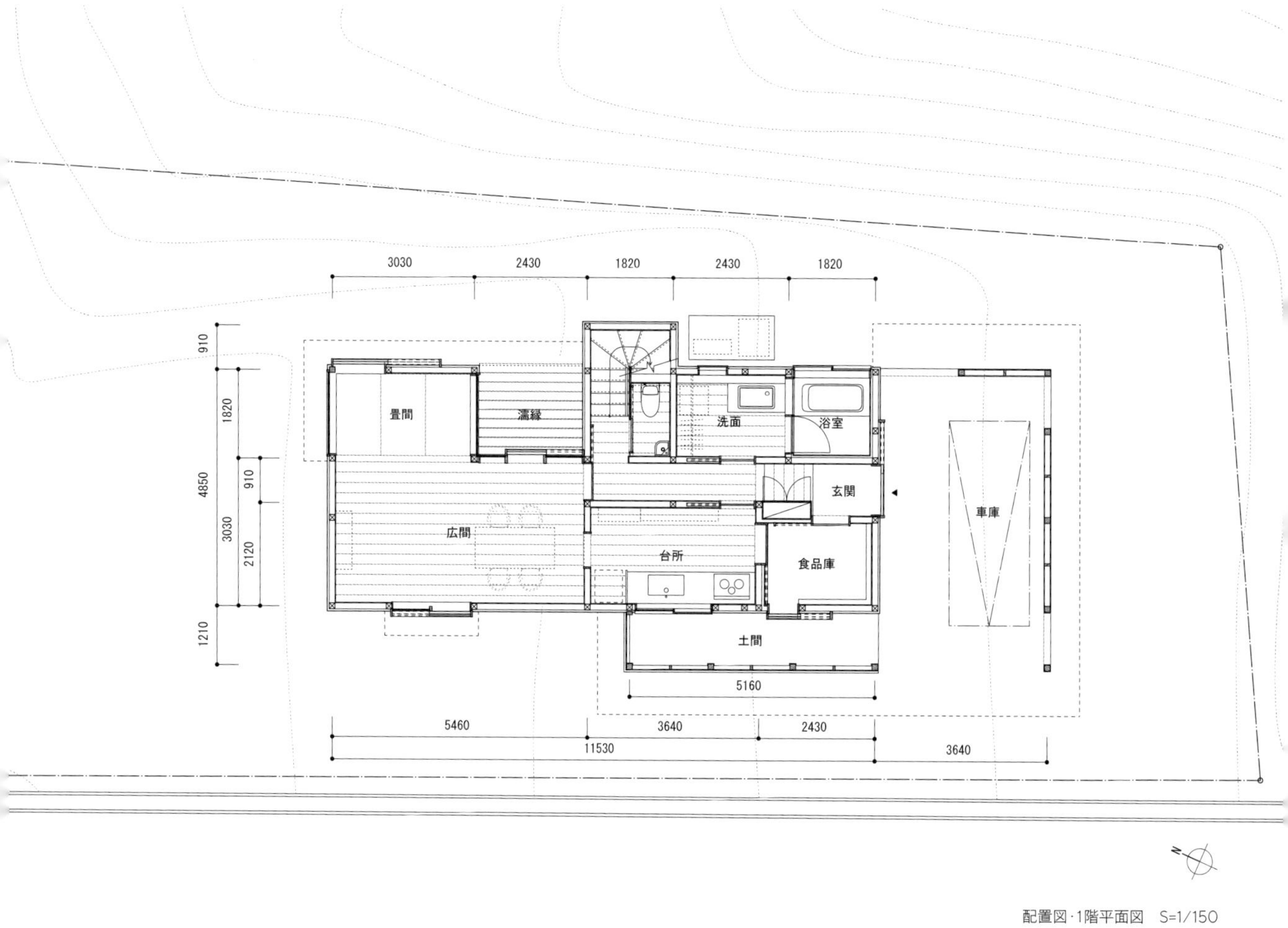

配置図・1階平面図　S=1/150

う家をめざしていたように思う。

配置に関して、いま思えば初めて敷地を眺めた時点で自然と佇まいが思い浮かぶくらい素直な土地形状だった。北垂れの勾配に沿って細長い敷地形状であり、それに対して切妻屋根の簡素な躯体を土地の中央に配置した。この地域は標高が高く冬は雪深いことから屋根付きの車庫が望まれ、2階建ての躯体に対して下屋として屋根を架け駐車スペースを確保した。また新潟などで見られる雁木造《がんぎづくり》のような、庇の架かった外部空間を道路側に設け、積雪のある日でも安心して活用できる場とした。実際暮らし始めてこのような屋根の架かった外部が冬だけでなく夏でも雨の日でも実用的な場になることを目にし、この家での生活を豊かにするための支える場になることを改めて気づかされた。

竣工して3年が経つ。その間建主から季節ごとのさまざまな便りが届いている。

夏、屋根のある外部で涼しく過ごしたり、広間の大きな窓から打ち上げ花火を見たり、天気のいい日に屋根の上に布団を並べて干したり、大雪の日に雪が分厚く積もる屋根の下で、窓から暖かな灯りがもれている様子など。それらの写真からはこの家がたくましく育ちつつあることや、住まい手にたのしく使われている様子が見てとれる。また昨年に続き、今年も軒下にツバメが営巣し巣立っていったようだ。人だけでなく動物にも心地よく使われていて、この家が自然豊かな奥出雲の環境の一部として認めてもらえたようで嬉しく思う。

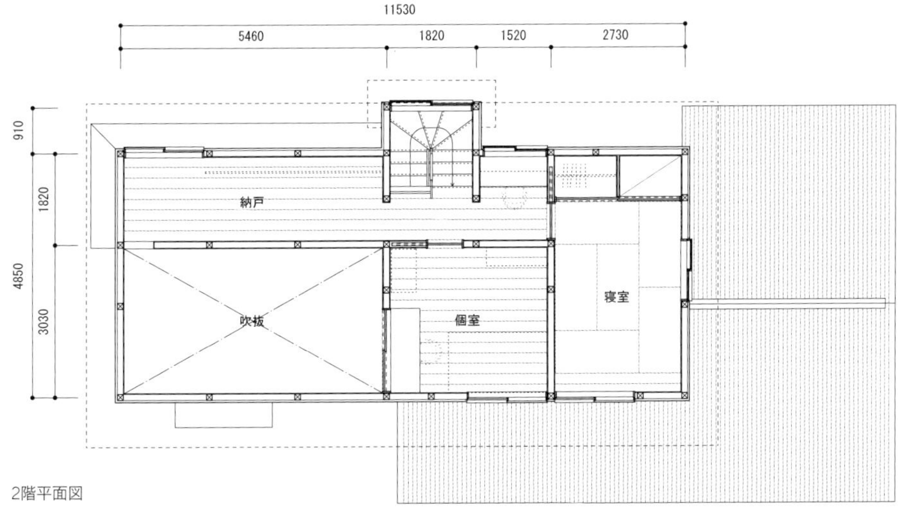

2階平面図

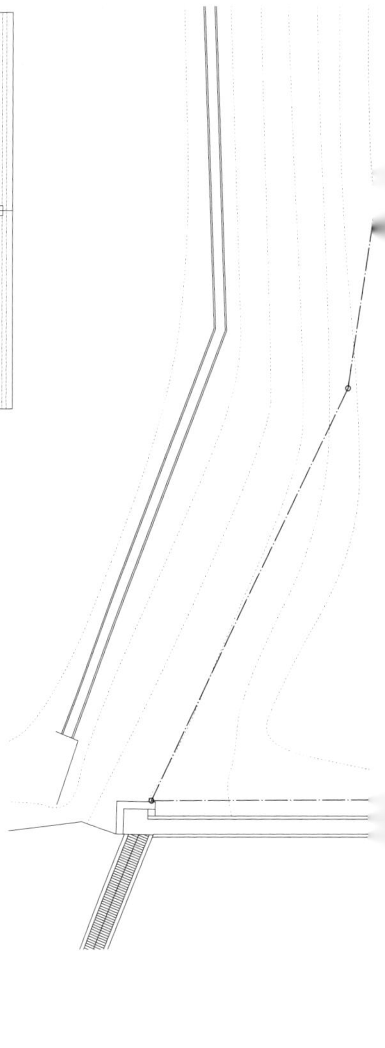

外壁の杉板は粗木のままで、実加工の不要な目板張りとしている。傾斜地なので水下では基礎が高くなり、地盤面から1階床まで1.6mほどの高さがある

勝手口のある土間は基礎から片持ちのスラブとし、床をつくっている。杉板で囲われることで雪の日でもしっかり使える場となる

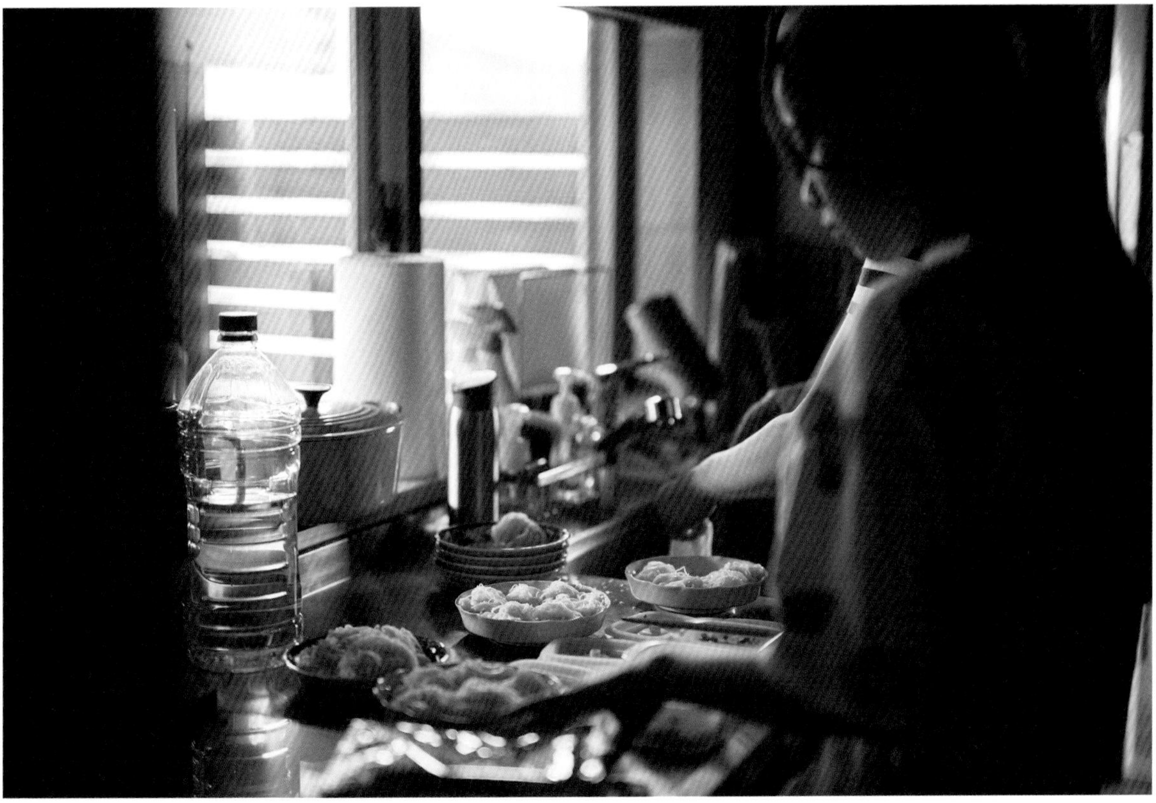

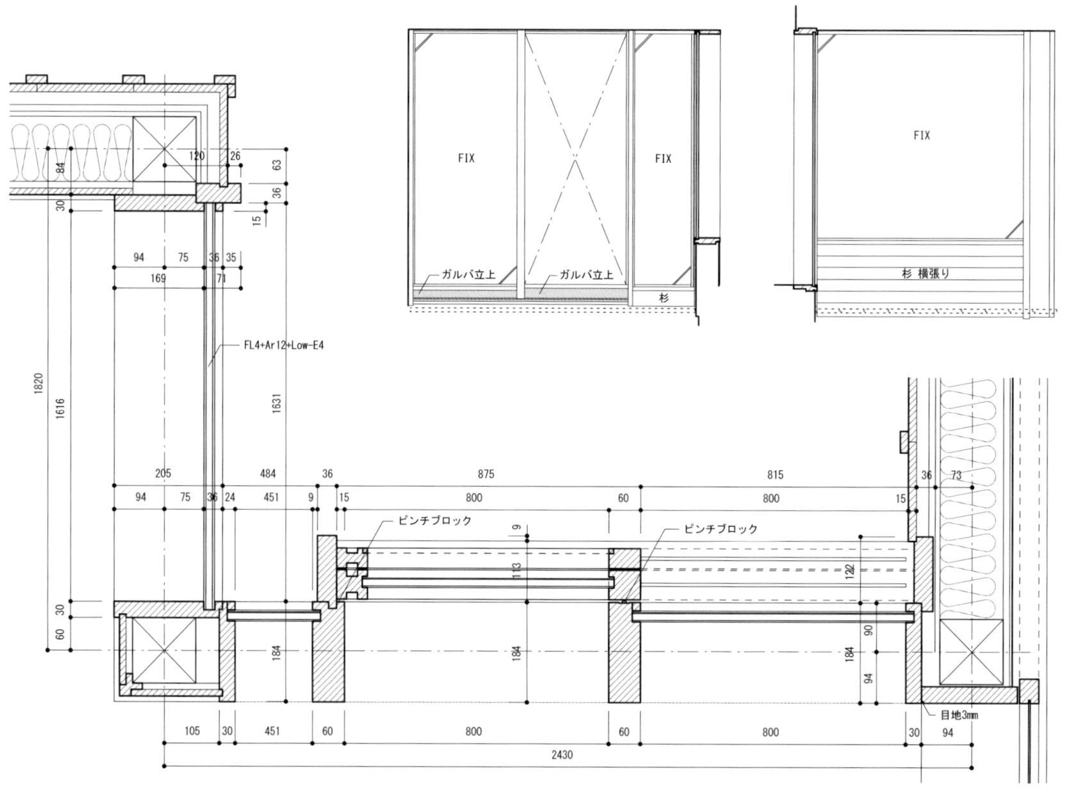
FIX
FIX
FIX
ガルバ立上
ガルバ立上
杉
杉 横張り
FL4+Ar12+Low-E4
ピンチブロック
ピンチブロック
目地3mm
2430

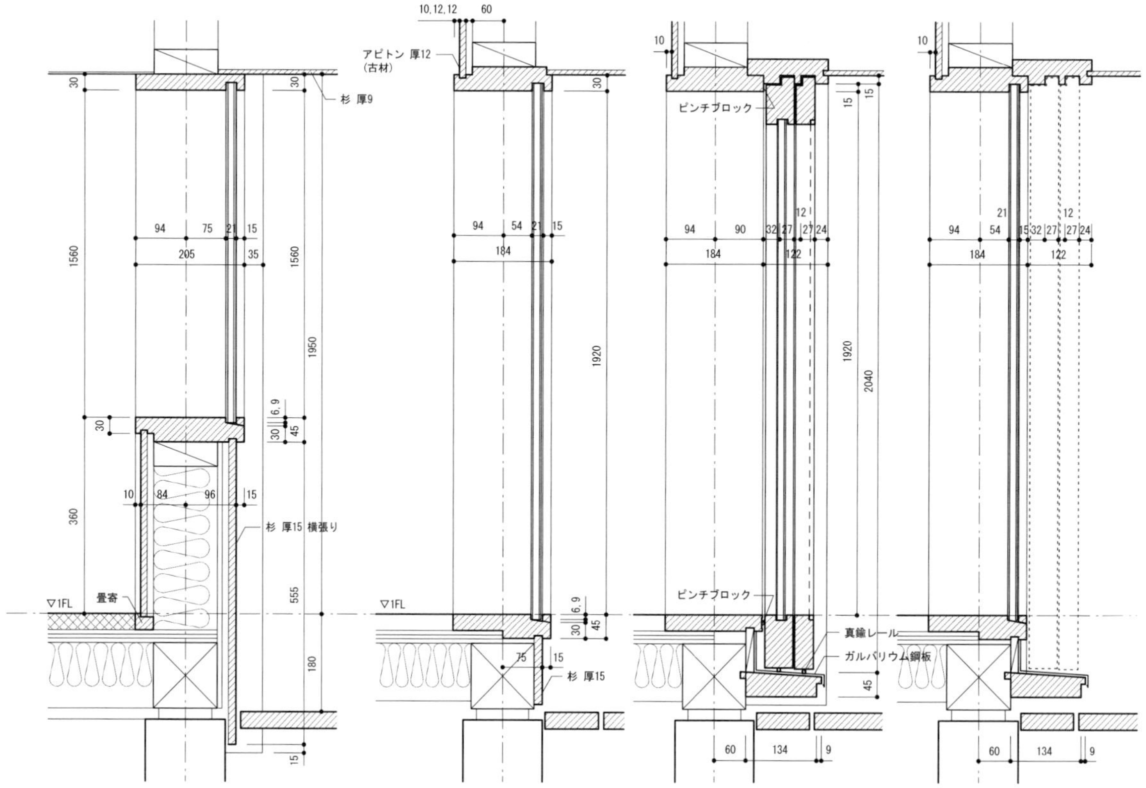
杉 厚9
杉 厚15 横張り
畳寄
▽1FL
アピトン 厚12
(古材)
▽1FL
杉 厚15
ピンチブロック
ピンチブロック
真鍮レール
ガルバリウム鋼板

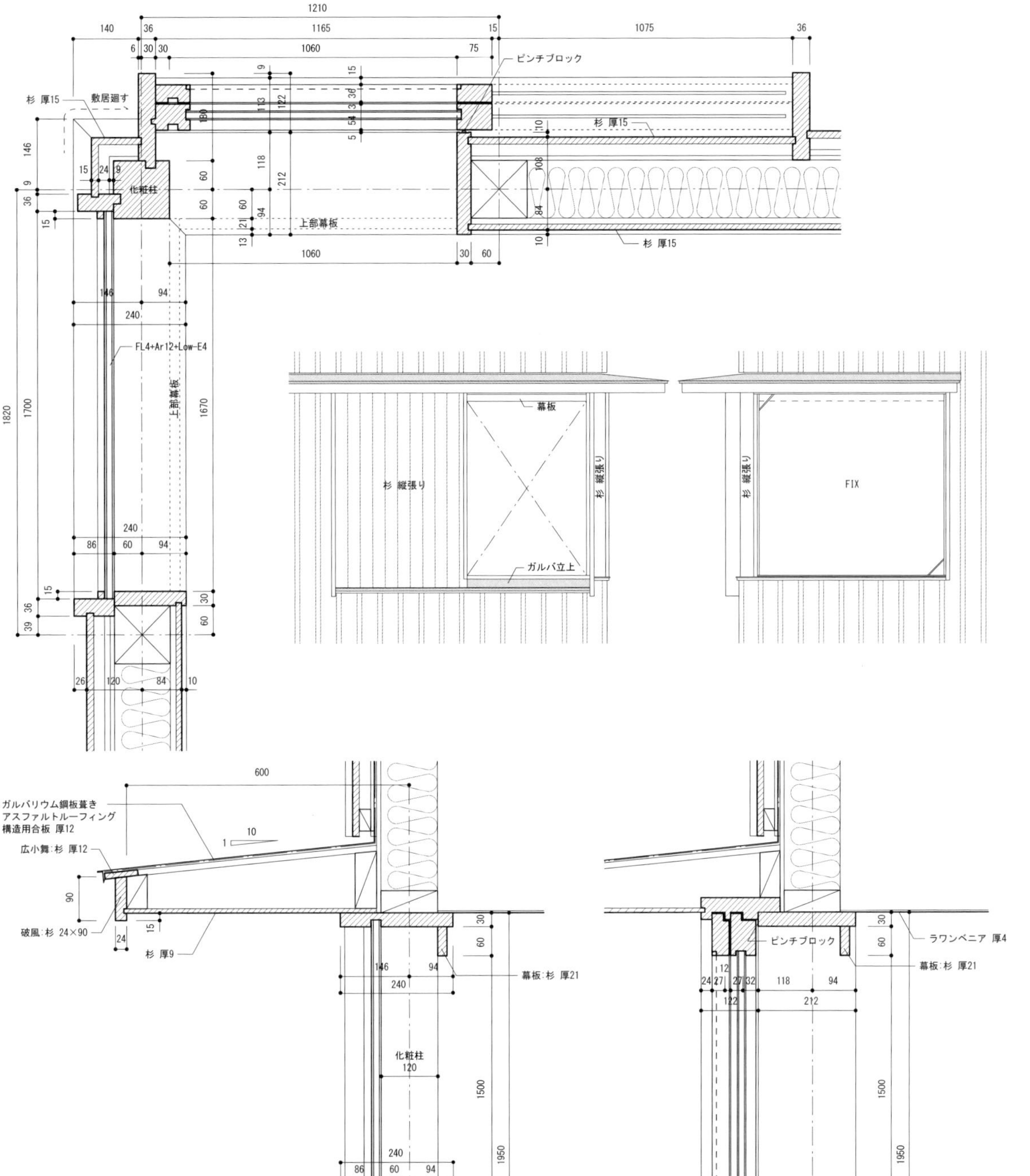
ピンチブロック
杉 厚15
敷居廻す
化粧柱
上部幕板
FL4+Ar12+Low-E4
幕板
杉 縦張り
ガルバ立上
FIX
庇:ガルバリウム鋼板葺き
アスファルトルーフィング
構造用合板 厚12
広小舞:杉 厚12
破風:杉 24×90
杉 厚9
幕板:杉 厚21
ガルバリウム鋼板
畳寄
▽1FL
ラワンベニア 厚4
真鍮レール

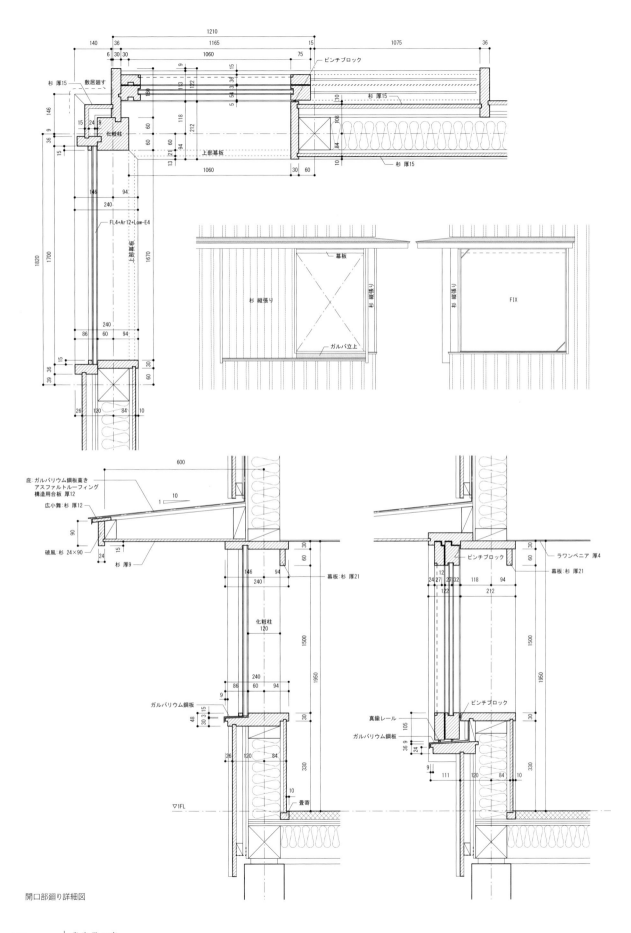

開口部廻り詳細図

左｜広間は吹き抜けていて、天井高は3750mm。壁は上下で張り分けており、下部は杉板、上部は木型製作所から譲り受けた「古材のアピトン」で仕上げている。人の居場所としての広間上部は、「記憶の居場所」として、建主にとって大切な場となっている

右頁｜建主の実家の横にかつてあった木型製作所。建主が幼い頃から慣れ親しんでいたこの建物の床に使用されていたものを譲り受け、建主自ら丁寧に解体し、洗い、保管していた。その床材（アピトン）を再利用した

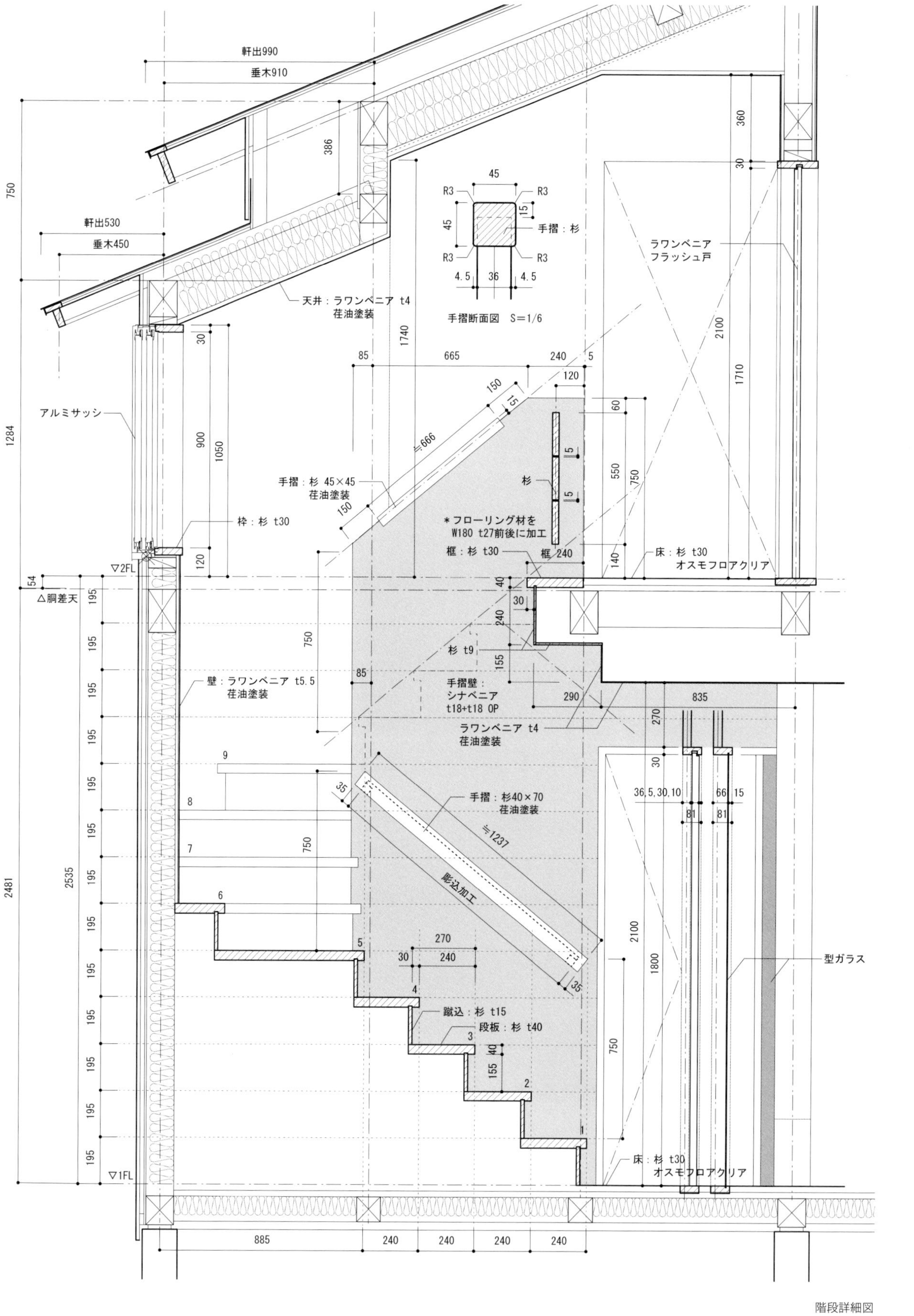
軒出990
垂木910
軒出530
垂木450
天井：ラワンベニア t4
荏油塗装
手摺断面図 S=1/6
手摺：杉
R3
ラワンベニア
フラッシュ戸
アルミサッシ
手摺：杉 45×45
荏油塗装
杉
＊フローリング材を
W180 t27前後に加工
枠：杉 t30
框：杉 t30
框 240
床：杉 t30
オスモフロアクリア
▽2FL
△胴差天
杉 t9
手摺壁：
シナベニア
t18+t18 OP
ラワンベニア t4
荏油塗装
壁：ラワンベニア t5.5
荏油塗装
手摺：杉40×70
荏油塗装
彫込加工
蹴込：杉 t15
段板：杉 t40
型ガラス
床：杉 t30
オスモフロアクリア
▽1FL

階段詳細図

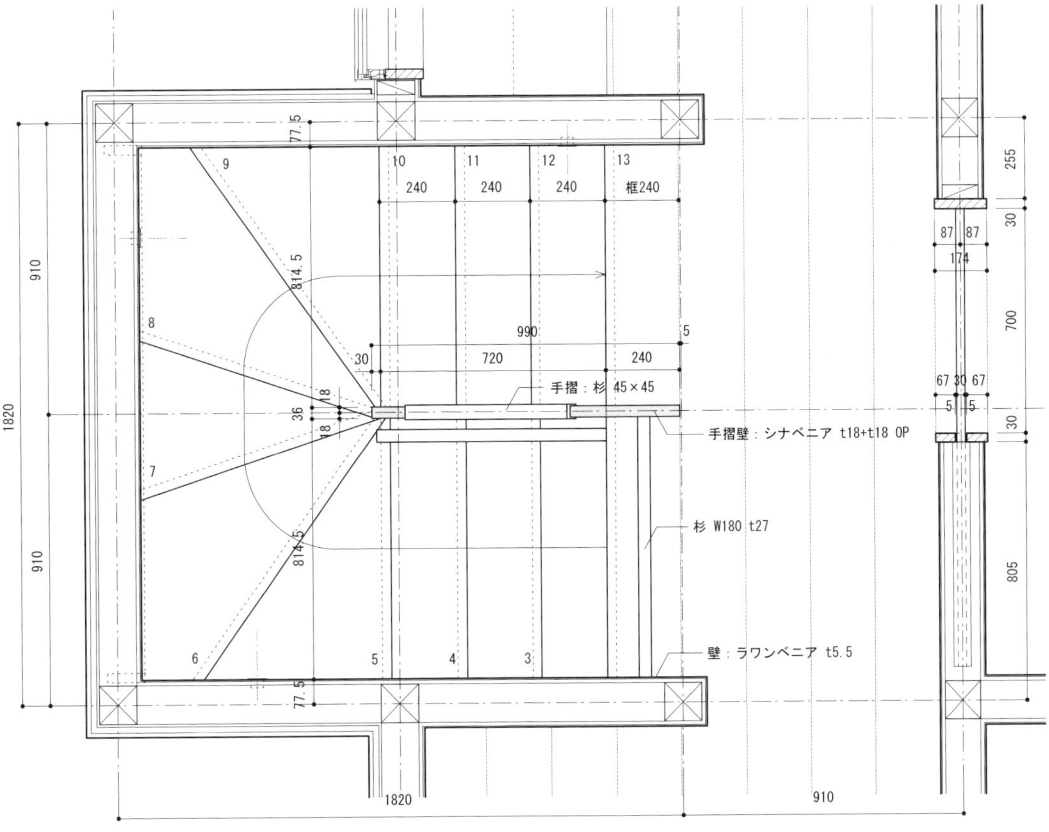

手摺：杉 45×45
手摺壁：シナベニア t18+t18 OP
杉 W180 t27
壁：ラワンベニア t5.5
240
240
240
框240
990
30
720
240
814.5
814.5
77.5
77.5
910
910
1820
1820
910
255
30
87
87
174
700
67
30
67
5
5
30
805
36
18
18

花立町の家

所在地　京都府京都市
用途　専用住宅
設計　熊澤安子建築設計室（担当：熊澤安子）
施工　ツキデ工務店
（担当：築出恭伸　現場監督：橋本和典　大工棟梁：岩滝勉）
造園　ZOEN（担当：蓑田真哉）
構造・規模　木造　地上2階
敷地面積　247.39㎡
建築面積　91.65㎡
延床面積　住宅部分121.91㎡　車庫21.22㎡
設計期間　2022年1月～2023年2月
工事期間　2023年3月～2024年1月

奥出雲の家

所在地　島根県仁多郡
用途　専用住宅
設計　中山建築設計事務所（担当：中山大介）
構造　三木構造設計事務所（担当：三木貴雄）
施工　竹下美建
（担当：竹下友弘　現場監督：足立襟子　大工棟梁：石川大貴）
構造・規模　木造　地上2階
敷地面積　352.78㎡
建築面積　85.88㎡
延床面積　126.91㎡
設計期間　2019年9月～2020年9月
工事期間　2020年10月～2021年4月

京都分室

所在地　京都府京都市
用途　専用住宅
設計　熊澤安子建築設計室（担当：熊澤安子）
施工　ツキデ工務店
（担当：築出恭伸　現場監督：橋本和典　大工棟梁：長谷川祐作）
構造・規模　木造　地上2階
敷地面積　51.57㎡
建築面積　34.55㎡
延床面積　64.55㎡
設計期間　2019年5月～2020年8月
工事期間　2020年9月～2021年5月

後藤昭夫藝術館

所在地　岐阜県関市
用途　住宅+展示施設
設計　杉下均建築工房（担当：杉下均　出口佳子）
施工　井上工務店（現場監督：改田和亮（元社員））
構造・規模　木造　地上1階
敷地面積　900.11㎡
建築面積　311.31㎡
延床面積　297.29㎡
設計期間　2019年3月～2020年1月
工事期間　2020年3月～2020年12月

樹傍の家 - kibou no ie -

所在地 東京都練馬区
用途 専用住宅
設計 高野保光／遊空間設計室（担当：高野保光 金山貴文）
構造 正木構造研究所（担当：正木健太）
外構 遊空間設計室
施工 渡邊技建
（担当：土方豊 現場監督：田邉大悟 大工棟梁：鈴木信久）
造園 荻野景観設計（担当：荻野寿也 薬師寺晋平）
構造・規模 木造 地上2階
敷地面積 208.17㎡
建築面積 90.60㎡
延床面積 162.91㎡
設計期間 2021年6月～2021年10月
工事期間 2022年11月～2024年 4月

House in Aoyama

所在地 東京都港区
用途 専用住宅
設計 芦沢啓治建築設計事務所（担当：芦沢啓治 本條理恵）
構造 田中哲也建築構造計画（担当：田中哲也 片岡陽花）
施工 まつもとコーポレーション（担当：岩田裕幸）
造園 vogel（担当：川開修一）
構造・規模 RC造 地下1階＋地上3階＋PH
敷地面積 159.08㎡
建築面積 105.27㎡
延床面積 377.31㎡
設計期間 2021年1月～2021年12月
工事期間 2021年12月～2023年5月

cox

所在地 茨城県つくば市
用途 飲食店
建築・設備・監理 NIIZEKI STUDIO（担当：新関謙一郎 加藤忠弘）
構造 山田憲明構造設計事務所（担当：山田憲明 古矢渉）
施工 渡辺建工＋栄港建設
構造・規模 RC造 地上1階
敷地面積 164.28㎡
建築面積 97.73㎡
延床面積 97.73㎡
設計期間 2010年6月～2014年10月
工事期間 2014年11月～2015年7月

片瀬山のアトリエ

所在地 神奈川県藤沢市
用途 アトリエ＋住居
設計 手嶋保 建築事務所（担当：手嶋保）
構造 KMC（担当：蒲池健）
施工 安池建築工房
造園 橋内庭園設計（担当：橋内智也）
構造・規模 RC造 地下1階＋地上2階
敷地面積 230.09㎡
建築面積 91.47㎡（既存部52.89㎡ 増築部38.58㎡）
延床面積 170.31㎡（既存部91.36㎡ 増築部78.95㎡）
設計期間 2019年5月～2019年11月
工事期間 2020年7月～2022年2月

向洋の家

所在地 広島県広島市
用途 専用住宅
設計 藤本寿徳建築設計事務所（担当：藤本寿徳）
構造 栄建構造設計（担当：津村栄一）
施工 小松工務店（担当：西中康彦）
構造・規模 RC造 地下1階＋地上2階
敷地面積 2046.18㎡
建築面積 93.51㎡
延床面積 152.02㎡
設計期間 2018年11月～2020年2月
工事期間 2020年3月～2020年9月

安芸津の家（コンクリートのらせん階段）

所在地 広島県東広島市
用途 専用住宅
設計 藤本寿徳建築設計事務所
（担当：藤本寿徳 François Nahory）
構造 西建築設計事務所（担当：西伸介 篠原美樹）
施工 中原建設（担当：中原佑介）
構造・規模 RC造 地上2階
敷地面積 316.95㎡
建築面積 84.12㎡
延床面積 94.71㎡
設計期間 2015年8月～2016年2月
工事期間 2016年3月～2016年9月

高野保光（たかの・やすみつ）

遊空間設計室

1956年　栃木県生まれ
1979年　日本大学生産工学部建築工学科卒業
1984年　日本大学生産工学部助手
1991年　遊空間設計室設立

芦沢啓治（あしざわ・けいじ）

芦沢啓治建築設計事務所

1973年　東京都生まれ
1996年　横浜国立大学建築学科卒業
1996～2002年　architecture WORKSHOP
2002～2004年　家具製作工房 super robot
2005年　芦沢啓治建築設計事務所設立
2016年～　立命館大学客員教授
2021年～　日本女子大学非常勤講師

新関謙一郎（にいぜき・けんいちろう）

NIIZEKI STUDIO

1969年　東京都生まれ
1993年　明治大学理工学部建築学科卒業
1995年　同大学大学院修士過程修了
1996年　NIIZEKI STUDIO設立

手嶋保（てしま・たもつ）

手嶋保建築事務所

1963年　福岡県生まれ
1986年　東和大学工学部建設工学科卒業
1990～1997年　吉村順三設計事務所
1998年　手嶋保建築事務所設立

藤本寿徳（ふじもと・かずのり）

藤本寿徳建築設計事務所

1967年　山口県生まれ
1991年　早稲田大学理工学部建築学科卒業
安藤忠雄建築研究所、NASCAを経て
1998年　藤本寿徳建築設計事務所設立
現在　近畿大学非常勤講師

熊澤安子（くまざわ・やすこ）

熊澤安子建築設計室

1971年　奈良県生まれ
1995年　大阪大学工学部建築工学科卒業
1996～2000年　DON工房一級建築士事務所
2000年　熊澤安子建築設計室設立

杉下均（すぎした・ひとし）＋
出口佳子（でぐち・よしこ）

杉下均建築工房

（杉下均）
1952年　岐阜県生まれ
1975年　建築研究所J　共同設立
1978年　杉下均建築工房設立
（出口佳子）
1971年　愛知県生まれ
柳瀬真澄建築設計工房などを経て
2001年　杉下均建築工房

中山大介（なかやま・だいすけ）

中山建築設計事務所

1978年　島根県生まれ
2001年　大阪市立大学工学部建築学科卒業
2010年　京都府立大学大学院博士前期課程修了
　中山建築設計事務所設立
現在　大阪公立大学非常勤講師

写真撮影

西川公朗　pp.10-15, pp.24-41, pp.146-149, pp.154-167, pp.169-171（撮り下ろし）
見学友宙　pp.42-45, pp.48-54, pp.56-62, pp.64-65（撮り下ろし）
繁田諭　pp.66-71, pp.76-89（撮り下ろし）
楠瀬友将　pp.90-93, pp.98-103, pp.106-121
藤本寿徳　pp.122-125, pp.129-141, pp.143-145
市川靖史　pp.172-175※, pp.181-183, p.184※, p.185-189, p.191, p.192※, pp.193-195
（※：初出『住宅建築』2022年6月号）（特記以外は撮り下ろし）
奥山晴日　pp.196-199, pp.203-209, p.213, pp.215-219（撮り下ろし）

写真提供

遊空間設計室　p.8
藤本寿徳建築設計事務所　p.126
杉下均建築工房　p.180
中山建築設計事務所　p.212

寄稿

後藤黄太郎（後藤昭夫藝術館）

デザイン　北岡誠吾
企画・編集　三井 渉（グラフィック社）

建築《けんちく》・住宅《じゅうたく》デザインの現場《げんば》

2024年7月25日　初版第1刷発行

著者　高野保光・芦沢啓治・新関謙一郎・手嶋保
藤本寿徳・熊澤安子・杉下均+出口佳子・中山大介

発行者　津田淳子
発行所　株式会社グラフィック社
〒102-0073　東京都千代田区九段北1-14-17
tel. 03-3263-4318（代表）　tel. 03-3263-4579（編集）
https://www.graphicsha.co.jp/

印刷・製本　TOPPANクロレ株式会社

・定価はカバーに表示してあります。
・乱丁・落丁本は、小社業務部宛にお送りください。小社送料負担にてお取り替え致します。

ISBN 978-4-7661-3836-8　C0052　2024　Printed in Japan